ENTENDA O SEU GATO

ENTENDA O SEU GATO

DR. BRUCE FOGLE

Fotografias de Jane Burton

Editora GLOBO

EDITORA GLOBO

Conselho de Administração
Roberto Marinho (presidente)
João Roberto Marinho (vice-presidente)
Roberto Irineu Marinho, José Roberto Marinho, Luiz Eduardo Velho da Silva Vasconcelos,
Mauro Molchansky, Pedro Ramos de Carvalho (conselheiros)

Diretoria Executiva
Marcos Dvoskin (diretor-geral)
Hélio Tuchler (diretor de mercado/leitores)
Paulo Afonso Gregoraci (diretor de marketing e publicidade)
Carlos Alberto R. Loureiro (diretor administrativo-financeiro)
Eduardo Gusso (diretor de estratégia e desenvolvimento organizacional)

GLOBO PUBLICAÇÕES
Diretor: Ricardo Gandour
Gerente Editorial: Sandra R. Ferro Espilotro
Coordenadoras Editoriais: Cristina Fernandes e Wally Constantino Guanaes Barbero

DK A DORLING KINDERSLEY BOOK
www.dk.com

Título original: "Know Your Cat"
© 1992 Dorling Kindersley
© Texto original: Dr. Bruce Fogle
© 2001 Editora Globo S.A.

Tradução: Shirley Gomes
Edição de texto: Nana Rodrigues
Consultoria: Dra. Cristiane Demétrio
Edição de arte: Crayon P&PG
Produção editorial: Estúdio Sabiá
Capa: Débora Ivanov

Todos os direitos reservados. Nenhuma parte desta edição pode ser utilizada ou reproduzida –
por qualquer meio ou forma, seja mecânico ou eletrônico, fotocópia, gravação etc. – nem apropriada
ou estocada em sistema de banco de dados, sem a expressa autorização da editora.

EDITORA GLOBO S.A.
Av. Jaguaré, 1485 – São Paulo, SP, Brasil
CEP 05346-902 – Tel (0xx11) 3362-2000
e-mail: atendimento@edglobo.com.br

Dados Internacionais de Catalogação na Publicação (CIP)
(Câmara Brasileira do Livro, SP, Brasil)

Fogle, Bruce
  Entenda o seu gato / Bruce Fogle; fotografias de Jane Burton;
[tradução Shirley Gomes]. – São Paulo: Globo, 2001.

  Título original: Know your cat.
  ISBN 85-250-3312-X

  1. Gatos - Criação I. Burton, Jane. II. Título.

01-0856   CDD-636.8

Índices para catálogo sistemático:
1. Gatos: Criação 636.8

1ª edição - 4ª reimpressão, 2010

SUMÁRIO

10 Como entender o seu gato
A personalidade • A expressão facial • Os gatos falam • Na defesa • No ataque • A demarcação do território • A patrulha do território

26 Uma relação perfeita
O seu melhor amigo • O melhor amigo do gato • Como segurar o gato • Perambulando livremente • Um ser sociável • Exercícios para a mente e o corpo • Como educar seu gato • Cuide bem do seu gato

44 A família
A gestação • A hora do parto • Depois do parto • Cuidados com os recém-nascidos • A proteção dos filhotes • A amamentação • Filhotes de criação

60 O filhote em crescimento
O despertar dos sentidos • A confiança na mãe • Ele avança • Saltos e pulos • O desmame • Fazendo amigos • Fazendo contato • Competindo por posições • O caçador • Vencendo barreiras • Aprendendo a sobreviver • A independência

86 O gato adulto
Hábitos alimentares • Cheiros e gostos • Como se equilibrar • Através dos olhos do gato • O tato • Cuidados com o pêlo • A soneca do gato • A escolha do parceiro • O acasalamento • Machos e fêmeas • O envelhecimento

110 A domesticação
Os ancestrais do gato • O gato é domesticado • A definição de características • A adaptação aos hábitats • Traços da personalidade • Avaliação do temperamento

Será que conhecemos os gatos?

O GATO É UM ANIMAL que causa impacto: ele marca presença onde quer que esteja. O gato controla as emoções muito melhor que o homem, e tem mais agilidade que qualquer outro animal doméstico. É autosuficiente, forte, calmo, independente e possui uma constituição excepcionalmente forte. No entanto, quase sempre é mal compreendido porque, ao contrário do cachorro, ele é muito diferente de nós.

O cachorro, assim como o ser humano, é um animal gregário. O cão e o homem aprenderam a confiar na companhia do seu semelhante e a apreciá-la. Nesse processo, a linguagem corporal que indica a aceitação ou a aproximação tem se desenvolvido: nós sorrimos e acenamos; os cães ficam atentos, jogam as orelhas para trás e abanam o rabo. Mas a história dos gatos é diferente. Eles descendem de caçadores solitários, que evoluíram para espécies mais sociáveis. Passaram a viver na sociedade humana mais tarde que outros animais domésticos, mas se tornaram bichos de estimação comuns no século XX. No Brasil existem cerca de 35 milhões de

Linguagem corporal
Com as costas arqueadas e os pêlos eriçados, este gatinho está dizendo "vá embora".

Segurança
Excelentes predadores, os gatos são também presas de muitos animais maiores, e se esconder faz parte de sua natureza.

Amizade
Como este gato foi acariciado desde pequeno, ele gosta de receber carinho do dono.

Estímulos
Brincar com objetos aumenta a agilidade mental e física dos gatos jovens.

INTRODUÇÃO

Sempre limpos!
O gato usa a caixa sanitária de boa vontade: a higiene faz parte de sua natureza.

gatos; na Rússia, 30 milhões. Nos Estados Unidos eles são mais comuns que os cachorros: a população de gatos é de 50 milhões! Há muitos gatos em todos os continentes. Calcula-se que existam mais de 200 milhões de gatos domésticos no mundo, o que prova que ele é o felino mais bem-sucedido que existe.

Os gatos domésticos são divididos em dois grupos principais: os de estimação e os de rua. Os de estimação são criados por pessoas como nós, gostam de viver em casa e de partilhar a nossa comida e o nosso carinho. Na verdade, apreciam mais a companhia dos seres humanos do que a de outros gatos.

Os gatos de rua não nasceram junto ao ser humano e são criados longe dele. Apenas na educação inicial são diferentes dos gatos de estimação – que, se não tiverem contato com seres humanos nas primeiras sete semanas de vida, sempre sentirão receio de nós.

Instinto materno
A mãe alimenta e protege os filhotes. O pai não participa desses cuidados.

Calor
Os recém-nascidos ficam juntos para se aquecer. Eles têm receptores especiais de calor no focinho, para localizar os outros filhotes.

Brincadeiras
No início, os gatinhos brincam tranqüilamente juntos. Às vezes, as brincadeiras podem acabar em brigas.

INTRODUÇÃO

O gato selvagem, do qual nossos gatos se originaram, era caçador. Ainda hoje, os gatos domésticos conservam esse instinto. Quando se mudaram para as comunidades humanas – e o fizeram por escolha própria –, os gatos selvagens passaram de caçadores solitários a pedintes. Na natureza, os gatos param de brincar quando a necessidade de buscar alimento, proteger-se, delimitar território e se acasalar são prioridade. Os bichos de estimação, com todas as necessidades diárias satisfeitas, continuam brincando na fase adulta, como se não tivessem crescido.

Sempre brincalhões
Se tiverem segurança, os filhotes continuam brincando juntos mesmo quando adultos.

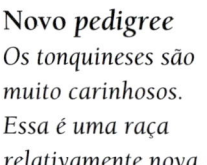

Novo *pedigree*
Os tonquineses são muito carinhosos. Essa é uma raça relativamente nova.

A cada dia, aparecem novas raças de gatos. Cada raça tem seus atributos físicos próprios, como tamanho e cor do pêlo, mas existem diferenças de comportamento entre elas. Algumas são mais barulhentas que outras, menos higiênicas ou amistosas com os outros animais da casa. O comportamento também varia com a idade.

Posição confortável
Enrolado em si mesmo, o gato descansa, certo de que seu dono o alimentará e o manterá aquecido.

Observando a mãe
O filhote aprende a comer e a pedir comida observando a mãe.

INTRODUÇÃO

A escolha do parceiro
Talvez esta fêmea se acasale com vários machos. Até há pouco tempo, a reprodução ficava por conta da natureza.

Será que os gatos pensam? Claro que pensam! Observe a reação do seu gato quando ele vê você pegar a caixa de transporte para levá-lo ao veterinário! Será que eles têm emoção? A resposta é sim. E não é exagero atribuir a eles emoções como ciúmes, pois as regiões do cérebro responsáveis pelas emoções, tanto nos seres humanos como nos gatos, são idênticas. Ao longo deste livro, vamos nos aprofundar neste ponto, para enfatizar que eles têm sentimentos e emoções, embora nem sempre seja possível compreender sua mente.

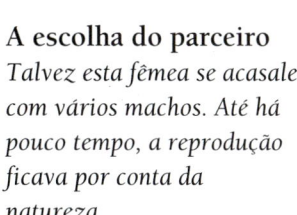

Vida longa
Se forem bem cuidados e alimentados, os gatos podem viver bastante.

Todos os dias, na mesa de exames da minha clínica veterinária, os gatos me dizem alguma coisa. Na maioria das vezes, talvez não sejam fatos publicáveis, mas para mim, por meio de sua conduta e linguagem corporal, os gatos são comunicadores hábeis. Espero estar sendo um bom intérprete para eles.

Higiene mútua
Embora sejam criaturas independentes, eles gostam das atitudes sociais.

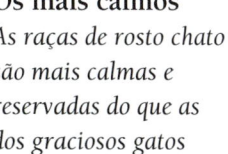

Os mais calmos
As raças de rosto chato são mais calmas e reservadas do que as dos graciosos gatos orientais.

Como entender o seu gato

A leitura da expressão
Uma expressão relaxada pode transmitir felicidade, alegria ou curiosidade.

Os gatos se comunicam uns com os outros de muitas maneiras. Alguns de seus métodos são tão sutis que escapam à nossa sensibilidade e não entendemos o que estão dizendo. Eles usam a linguagem corporal de forma quase sempre discreta, controlada e séria. Um simples movimento da cauda, o mais leve movimento das orelhas, a dilatação suave das pupilas – essas mensagens valem mais que mil palavras para outro gato. Como a linguagem corporal é muito controlada, e temos dificuldade em entendê-la, cometemos erros ao interpretá-la.

Uma conseqüência curiosa dessa nossa má interpretação é que às vezes achamos que os gatos são falsos. Acreditamos que mentem para nós. Na verdade, estão nos dizendo o que *realmente* pensam, mas de maneira

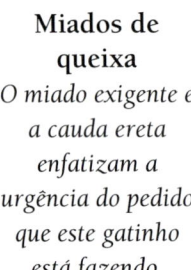

Miados de queixa
O miado exigente e a cauda ereta enfatizam a urgência do pedido que este gatinho está fazendo.

Sinais ameaçadores
Quando o gato emite um sibilo forte e olha com as pupilas dilatadas, adota uma postura ameaçadora, porém defensiva.

Sondando o território
Com a expressão concentrada e as orelhas alertas, o gato patrulha o seu território todos os dias, e deixa nele odores e sinais visuais.

tão sutil que muitas vezes não os compreendemos. É mais fácil para nós compreendermos o que estão dizendo quando usam a voz. Mas, neste caso, também a variedade de sons é grande e vai desde o ronronar até o tom agudo de alegria. E a variedade de miados, sibilos e bufos é enorme. Aprender a dar sentido à variedade vocal dos felinos é vital para o sucesso da comunicação entre gatos e pessoas.

Os gatos marcam o seu território com sinais visuais ou odores. Através das excreções ou das glândulas odoríferas, localizadas em diferentes partes da pele, eles delimitam o seu meio. As fezes à mostra e as arranhaduras comunicam silenciosamente quem é o dono do território. O quintal e o jardim são os lugares ideais para deixar sinais visuais e odores para os gatos da vizinhança.

Maior do que é
Ao arquear as costas, ficar de lado e eriçar o pêlo, este gato tenta parecer maior do que realmente é.

O que a cauda diz
Um leve movimento da cauda indica ambivalência, mas também raiva ou aborrecimento.

A personalidade

EMBORA OS GATOS tenham padrões de comportamento comuns, cada um tem sua própria personalidade. Alguns são amistosos, corajosos e confiantes; outros são nervosos, tímidos e amedrontados. A origem da diferença de personalidade está nos genes – por exemplo, as fêmeas brancas, de olhos azuis, em geral são tímidas. Mas as experiências pelas quais os animais passam na infância também são muito importantes para definir a personalidade. Os filhotes que recebem carinho e atenção revelam-se mais seguros.

As definições aplicadas à personalidade dos seres humanos também são válidas para os gatos. O gato extrovertido é mais sociável, esperto e aventureiro; o tipo reservado é tímido, melancólico, emotivo, tenso e ansioso. Alguns chegam a ser anti-sociais.

> *Sou tão especial quanto você.*

A patada é sinal de conflito

O toque de cabeça relaxado faz parte do desenvolvimento normal

O contato físico é uma atividade social importante

Personalidade alegre
Os filhotes costumam se empurrar e abraçar, com as cabeças encostadas. Esse contato é fundamental. Se crescerem sem brincar com outros filhotes, não desenvolverão o repertório completo de suas posturas.

O tipo expansivo
Brincadeiras provocativas são comuns entre os filhotes extrovertidos. O comportamento na infância geralmente indica como será o animal adulto. Nem sempre, porém, é possível prever que personalidade o gato terá.

A PERSONALIDADE

Introvertidos e extrovertidos

As experiências nos mostram que só o fato de conversarmos delicadamente com os filhotes logo que nascem faz com que eles cresçam mais confiantes e independentes. Esses gatinhos até param de mamar mais cedo. Os filhotes ativos se transformam em adultos cheios de energia, ao passo que os reservados se transformam em adultos mais retraídos.

O movimento da ponta da cauda mostra atenção

Esta expressão mostra preocupação

Adulto apreensivo
(ACIMA) Em geral, a personalidade introvertida se desenvolve quando o filhote não tem contato social. Embora seja lento, quieto e menos sensível que um tipo extrovertido, o gato cauteloso reage com rapidez e facilidade ao treinamento.

Esta postura indica atitude dominante

A expressão facial tímida revela apreensão

O tipo dominante
Fisicamente ágil, este filhote extrovertido está batendo com a pata na irmã. O tipo expansivo se destaca pela atividade gregária. Os filhotes dominantes tornam-se adultos dominantes, uma vez que o traço de personalidade está presente nos genes.

O tipo tímido
Observador, tenso e solitário, o filhote introvertido espreita por detrás de um objeto. Inseguro e temeroso, ou hostil às pessoas e a outros gatos, o caráter introvertido se estabelece nas primeiras semanas de vida.

COMO ENTENDER O SEU GATO

A expressão facial

> Observe o meu rosto bem de perto e saberá como estou me sentindo.

Orelhas e olhos

As orelhas são controladas por mais de 20 músculos. Quando o gato está relaxado, cumprimentando alguém ou sondando o ambiente, as orelhas se inclinam para a frente. Orelhas baixas indicam agressão; orelhas para trás sinalizam medo, ou agressão, ou as duas coisas. Algumas raças, como a Maine Coon, têm pêlos adicionais que acentuam a posição da orelha.

Os olhos também revelam o humor. Quando o gato está bem relaxado, ele fecha os olhos. Se estiver assustado, a reação de ataque ou fuga é ativada. A descarga de adrenalina faz as pupilas se dilatarem.

AOS OLHOS HUMANOS, a expressão de um felino é quase sempre indecifrável. Os gatos, porém, sabem distinguir qualquer mudança na expressão de um semelhante, por menor que seja. Alguns sinais, como a posição das orelhas, dão uma pista precisa do seu humor. Ao contrário dos seres humanos e dos cães, o gato não desenvolveu expressões faciais nem gestos, como um aceno amistoso ou um abano de rabo, que sejam reconhecidos universalmente como um sinal de cumprimento. Ele mantém uma expressão tranqüila, ou alerta, mesmo quando fica contente ao ver você chegar. Por outro lado, na despedida, seu rosto fica extremamente expressivo. Orelhas, olhos, bigodes e boca não deixam dúvidas quanto à mensagem a ser comunicada.

O gato contente
(À ESQUERDA) Os gatos revelam prazer fechando um pouco os olhos. Essa expressão, com as orelhas voltadas para a frente, acompanhada de um ronronar, é a que mais demonstra relaxamento. Não há medo nem preocupação.

O gato relaxado e alerta
(ACIMA) Esta é a expressão facial mais comum. É um sinal usado quando os gatos nos cumprimentam, querem atenção, deitam-se, sentam-se, ficam em pé ou andam. Não transmite perigo a outros gatos.

A EXPRESSÃO FACIAL

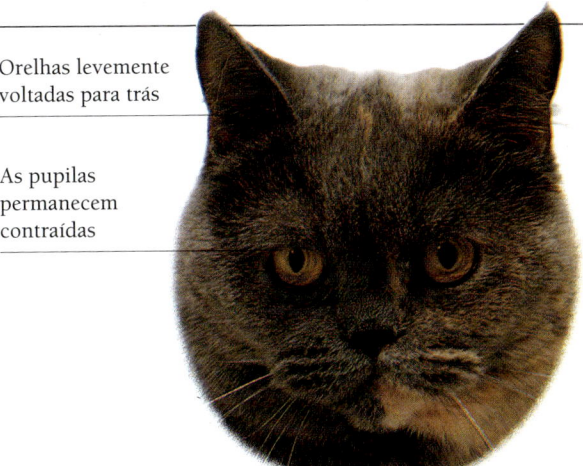

Orelhas levemente voltadas para trás

As pupilas permanecem contraídas

Orelhas puxadas para trás: sinal de proteção

Pupilas dilatadas indicam agitação

O gato ambíguo
Orelhas repuxadas indicam que o gato não sabe ao certo como se sente. Seu humor pode variar de um extremo a outro.

O gato amedrontado
Quando o gato fica com medo, as orelhas se voltam para baixo. Quando o medo é muito grande, as orelhas ficam completamente achatadas.

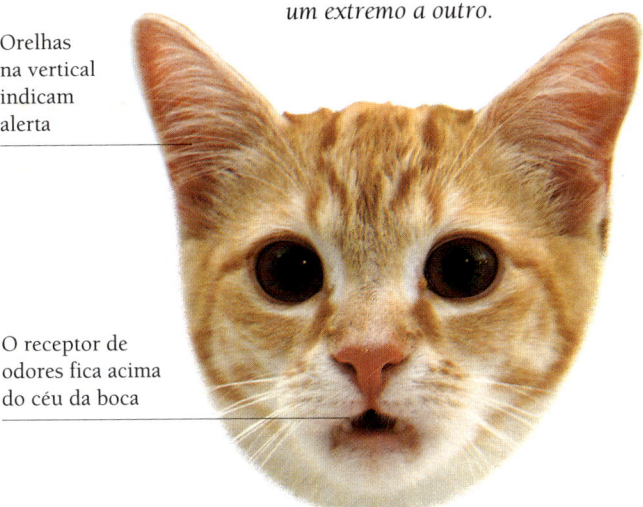

Orelhas na vertical indicam alerta

O receptor de odores fica acima do céu da boca

Orelhas para a frente, para detectar ruídos

Pupilas dilatadas e olhos arregalados indicam excitação

O gato excitado
O macho faz esta careta quando sente o cheiro da urina de uma fêmea no cio.

O gato curioso
O gato curioso aguça as orelhas para filtrar os sons. As pupilas ficam levemente dilatadas.

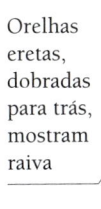

Orelhas eretas, dobradas para trás, mostram raiva

Bigodes inclinados para a frente indicam mau humor

Pupilas dilatadas mostram temor e agressividade

Dentes à mostra são armas ferozes

O gato com raiva
Quando um gato normalmente agressivo se aborrece, suas pupilas continuam contraídas.

O gato agressivo
Com o medo, as pupilas se dilatam. O gato abre bem a boca para sibilar e mostra os dentes afiados.

Os gatos falam

OS GATOS USAM A VOZ para cumprimentar você, pedir comida, chamar a atenção, chamar o companheiro, fazer ameaças e protestos. A voz também revela o estado de espírito deles: irritação, indignação, ansiedade, alegria. Por volta dos quatro meses, os filhotes já dominam todo o vocabulário adulto – cerca de 16 sons diferentes, por nós conhecidos. Os gatos, provavelmente, distinguem muito mais sons. Algumas raças, como a dos siameses, emitem mais sons que outras.

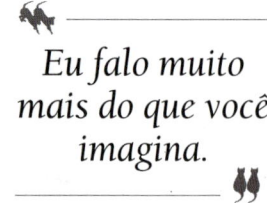

Eu falo muito mais do que você imagina.

Boca aberta em sinal de angústia

Ronronar de mãe
(ACIMA) Enquanto os filhotes mamam, a mãe fica à vontade e ronrona de alegria. Ainda não se sabe exatamente como o gato ronrona, mas acredita-se que o som venha do peito. Como a laringe não é usada, a gata pode emitir um som agudo ao mesmo tempo.

Ataque de ansiedade
O choro do gatinho, quando está aflito, com fome, com frio ou longe da mãe, é parecido com o do bebê.

Vocabulário amplo

A linguagem dos gatos abrange três tipos de sons: murmúrios, vogais e sons de alta intensidade. Os murmúrios incluem o ronronar e o chilro, usados em saudações ou para expressar contentamento. A mãe emite uma espécie de gorjeio para chamar os filhotes. Os sons vocálicos, como o miau, ora longos, ora curtos, são usados nos pedidos, nas reclamações e situações de confusão. Os sons de alta intensidade são o rosnado, o gemido de irritação, o guincho de dor ou medo, o sibilo e o miado de acasalamento da fêmea.

Sibilar e bufar
Este gato curva a língua numa reação de medo, ou irritação, para forçar a saída de um jato de hálito quente. Usados para intimidar, a sensação e o cheiro que esse sibilo provocam são tão importantes quanto o som.

OS GATOS FALAM

Os lábios se curvam para produzir sons vocálicos

A boca está fechada

O miado de exigência
Faminto, este gato está miando tristemente, pedindo para ser alimentado. A inflexão e a entonação do miado podem expressar vários sentimentos. Mas, às vezes, só a partir da postura de súplica do animal é que você pode dizer que ele está miando, já que emite um som agudo, fora dos limites de nossa audição.

O ronronar de alegria
Esparramado na almofada, o gato ronrona de prazer. Esses murmúrios são, em geral, um sinal de alegria e tranquilidade. Por outro lado, um gato que esteja indisposto também pode ronronar para diminuir seu mal-estar.

Rosnado rouco
(ACIMA) *Irritado, este gato rosna de insatisfação. Seu protesto começa com o maxilar cerrado e um ronco baixo. Depois, o animal começará a sibilar se sentir dor ou para intimidar os intrusos. Embora o som se origine na laringe, o rosnado pode sair da boca fechada como se não fosse um som vocálico.*

O ronronar começa no peito

17

COMO ENTENDER O SEU GATO

Na defesa

O GATO SE PREOCUPA mais em defender o seu território do que em desenvolver relações de amizade com outros gatos. Comparado ao cachorro, é muito menos sociável, e utiliza com freqüência sinais que transmitem mensagens como "vá embora". Quando sente que perdeu o controle da situação, ou que está sendo ameaçado, a adrenalina é liberada e dispara a reação de ataque ou fuga. A sua defesa é um verdadeiro espetáculo de agressividade: os pêlos ficam arrepiados, as costas, arqueadas, a cauda se eriça, as pupilas se dilatam, e ele pode bufar. Até um gato apavorado é capaz de dar um *show* com a expressão corporal defensiva, embora, em muitos casos, essa postura disfarce o medo e não represente uma agressão verdadeira.

A postura lateral dá a impressão de que o gato é maior

Bancando o valente
(À DIREITA) *Com a cauda arrepiada, as costas arqueadas e os pêlos eriçados, este gato está muito assustado, mas tenta esconder o medo por meio de uma expressão corporal agressiva. Para causar impacto, fica de lado e parece estar considerando um ataque do oponente.*

Corpo no nível do chão

Orelhas abaixadas para trás como proteção

Pupilas dilatadas de medo

Cauda junto ao corpo por segurança

As patas estão preparadas para o ataque

Ao ataque!
(ACIMA) *Embora esteja muito assustado, este gato se prepara para atacar. Ao bufar, deixa à mostra os dentes e as garras, pronto para se defender.*

NA DEFESA

> *Espero que a minha cara de valente assuste você.*

Os pêlos da cauda se eriçam

As costas arqueadas parecem aumentar seu tamanho

Pronto para agir
(À DIREITA) *Apesar de assustado, este gato tenta se manter em pé. Estimulado pela adrenalina, está com as pupilas dilatadas e o olhar direto, numa tentativa de intimidação. Parecendo maior do que é, ele dá um show de valentia.*

Na defensiva
(À DIREITA) *Com as pupilas dilatadas, as orelhas achatadas, os bigodes eriçados e a cauda oscilante, este gato faz uma ameaça com a voz e está pronto para o ataque.*

No ataque

A HABILIDADE DE BLEFAR com segurança é uma necessidade absoluta para o gato que assume uma postura de ataque. E, como não existe uma hierarquia social fixa no mundo dos gatos, a ação ofensiva ou defensiva varia de acordo com as circunstâncias em que o animal se encontra. Se estiver em seu território, ou numa posição mais elevada que o adversário – em cima do telhado, por exemplo –, exibirá uma atitude corporal ofensiva. Ele é capaz de manter-se totalmente controlado e se sentir confiante. Como está seguro, suas pupilas não se dilatam, já que a reação de ataque ou fuga não é ativada, como seria se estivesse assustado ou na defensiva.

No alto e em segurança
No telhado, este gato domina os demais abaixo dele. Demonstrando confiança com a cabeça, os bigodes, as orelhas aguçadas e o pêlo liso, vigia os intrusos. Ele pode usar a vantagem da altura para espreitar ou atacar.

Reação natural
Abaixada para manter-se firme no chão, a mãe protege os filhotes. As orelhas para a frente e as pupilas não-dilatadas mostram que está no controle da situação.

As orelhas atentas e voltadas para a frente demonstram confiança

Os pêlos mais grossos em volta do pescoço dão impressão de que o macho é maior

Os membros dianteiros estão preparados para avançar

Ira maternal
A exibição de agressão materna assusta até mesmo o mais atrevido dos machos. Ela não recuará e vai ameaçá-lo, emitindo sons ofensivos. Se ele não se retirar, a mãe avançará.

NO ATAQUE

> *Preste atenção! Estou no controle da situação.*

Atitude dominante
Apesar do confronto iminente, este gato não está assustado. Aproveitando-se de sua grande capacidade de equilíbrio, ele se inclina com segurança sobre o poste. Sem se preocupar em cair, olha para o adversário que está na cerca, avisando-o para não se aproximar.

- O pêlo liso do corpo indica confiança
- As orelhas inclinadas para a frente são sinal de agressividade
- O balanço da cauda indica que é ele que manda ali
- Os músculos tensos da face mostram que está preparado para o ataque
- Orelhas aguçadas e dobradas mostram a determinação de se manter firme
- O olhar direto representa valentia

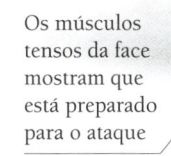

Espírito de luta
(ACIMA) Com as orelhas levemente dobradas, o gato que está confiante mas bravo abre a boca para sibilar ou bufar. A língua se dobra para canalizar a passagem de um bafo de ar quente. Os lábios se curvam e revelam os dentes afiados, enfatizando o rosnado.

Encarando o rival
Ao jogar a cabeça para a frente, este macho não aceita a intimidação do outro que está em posição mais alta. No entanto, os pêlos eriçados da cauda são um sinal de que está um pouco amedrontado.

- Patas dianteiras firmes, prontas para agir
- Os pêlos da cauda começam a ficar eriçados de medo

A demarcação do território

OS FELINOS SEMPRE deixam mensagens para que os outros gatos saibam quem é o dono do território. Para tanto, fazem patrulhas regulares e marcam os lugares importantes de caça, alimentação e descanso. Podemos ver as marcas ou sentir seu cheiro. O gato que se esfrega em você não está apenas demonstrando carinho; está transferindo o odor do seu corpo, reivindicando você como parte de seu território. No jardim, ele arranha a cerca e o tronco das árvores. Dentro de casa, arranha os sofás e as cadeiras para que suas marcas sejam visíveis. Tanto as fêmeas como os machos, mesmo castrados, podem lançar jatos de urina, e um macho dominante não enterrará suas fezes como uma marca visual e olfativa.

Dentro de casa
(ACIMA) A maioria das fêmeas e dos machos castrados se contenta com um pequeno território dentro de casa; mesmo assim, o demarcam. Esta fêmea castrada defende avidamente a sua cadeira.

Este lugar é meu
(À ESQUERDA) Marcar o espaço com um jato de urina é uma atitude completamente diferente do ato de esvaziar a bexiga. O gato se apóia no objeto que pretende marcar, e, com a cauda tremendo, esguicha a urina para trás.

A cauda do macho deixa seu cheiro nos arbustos

O jato de urina é usado como marca. A glândula anal esguicha secreção nas fezes

Para massagear o rosto
O gato esfrega o rosto na cerca para marcá-la. Dessa forma, transfere o odor das glândulas faciais para a madeira.

Orelhas esticadas para trás

A cauda dá equilíbrio

> *Parece que meu vizinho esteve aqui hoje. É melhor deixar a minha marca de novo.*

Como é bom arranhar
As orelhas se inclinam para trás e um olhar quase de êxtase toma conta do gato enquanto ele se estica para arranhar o ponto mais distante. A madeira é o material preferido porque não é escorregadia. Os arranhões, que podem ser vistos a distância, normalmente são feitos em lugares salientes.

As glândulas faciais, do queixo e ao redor dos lábios produzem cheiro característico

As glândulas sebáceas, na base dos folículos dos pêlos, secretam uma substância oleosa com odor próprio

A patrulha rotineira
Todos os dias o gato deixa marcas novas com as suas secreções. As marcas deixadas não assustam os outros gatos, mas dizem aos intrusos quando o dono do território passou por ali.

Com o suor das patas ele deixa uma trilha de odores

A patrulha do território

A MAIORIA DOS GATOS adota os muros das casas como fronteiras territoriais. Como se adaptam com facilidade ao estilo de vida dos seres humanos, quase não têm problemas com esse arranjo. O tamanho do território depende da idade, da condição sexual e da personalidade do animal. As fêmeas e os machos castrados se contentam com áreas muito pequenas, enquanto os machos não castrados têm necessidade de patrulhar e defender espaços grandes – em geral dez vezes maior que o das fêmeas. Os gatos de rua estabelecem os limites de caça de acordo com a área em que vivem, através de linhas fronteiriças e de trilhas específicas.

É hora de inspecionar o meu território.

Criando territórios
Se o seu gato não tem espaço suficiente para se movimentar, ele vai se apropriar de alguma outra área, demarcando-a com fezes. A castração reduz muito a necessidade territorial, uma vez que é o hormônio sexual o responsável pela criação e defesa do território.

Áreas elevadas
(ACIMA) Não importa quem seja o dominante quando dois gatos se encontram, aquele que está na área mais elevada leva vantagem. É por isso que os gatos gostam de patrulhar os telhados. Das alturas, eles inspecionam o território e insultam os intrusos.

A ronda das alturas
(À DIREITA) Os gatos vivem tanto no mundo horizontal como no vertical. Os machos tendem a passar mais tempo patrulhando o território do que as fêmeas.

A PATRULHA DO TERRITÓRIO

Área protegida
(À ESQUERDA) Os gatos que vivem em casas gostam de visitar os quintais e os telhados da vizinhança, mas defendem com toda a garra o seu próprio espaço de outros felinos intrusos. Seu território pode se estender por mais de um território humano.

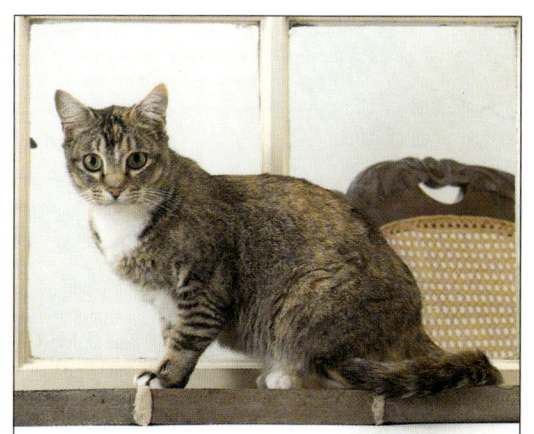

A adaptação ao nosso estilo de vida
Muitos gatos se contentam em viver dentro de casa, onde não precisam ir em busca de comida e onde nós "protegemos" o seu território. Ainda assim, assumem uma postura de donos e defendem o seu lugar favorito, como uma cadeira, por exemplo.

A proteção do lar ideal
(ACIMA) Um território perfeito fornece boa alimentação e áreas seguras e acessíveis de descanso. A portinhola garante a independência de ir e vir do animal.

Uma relação perfeita

Contato vital
O carinho diário garantirá que o seu gatinho venha a apreciar a companhia das pessoas quando adulto.

O GATO É UMA COMPANHIA excelente. É tranqüilo, confiável, higiênico e independente. Além de ser bom ouvinte é carinhoso e seu custo de manutenção é baixo. O desenvolvimento das diferentes raças não produziu grandes alterações na anatomia desses animais, como acontece freqüentemente com muitas raças de cães; por isso, os gatos têm menos problemas físicos.

O gato satisfaz a necessidade do homem de alimentar seres vivos e cuidar deles, e ao mesmo tempo fica satisfeito por depender de nós para a sua sobrevivência. Sente-se feliz sendo dependente e nos permite agir como uma mãe, que cuida da sua alimentação, proteção e segurança. Sob muitos aspectos, os gatos e as pessoas mantêm uma relação simbiótica perfeita.

Independência
A portinhola dá liberdade ao gato.

Amigos
Estes três gatos serão sempre amigos porque se conheceram antes de completarem 2 meses de vida.

Brincadeiras
O gato precisa do estímulo que as brincadeiras lhe dão. Com elas, sente-se motivado a examinar o seu meio e a caçar.

Um lar planejado para ser habitado por pessoas é um meio artificial para o animal. Se não entendermos bem as necessidades do gato, podemos vir a criar problemas comportamentais. Para ficarem bem adaptados, os gatos devem começar a conviver com o nosso meio o mais cedo possível.

A vontade de definir e de possuir um território é inerente a todos os gatos, vivam eles em apartamentos, na cidade ou no campo. Se tiverem acesso limitado ao exterior, devemos proporcionar-lhes objetos que eles possam arranhar e um lugar apropriado e seguro para a higiene. Os gatos são criaturas adaptáveis. Devemos retribuir a sua amizade com um ambiente confortável que satisfaça as suas necessidades.

Problemas
Um leve jato de água do borrifador pode acabar com os maus hábitos do seu gato, como arranhar os móveis, o sofá e as cortinas.

Hábitos
Estes filhotes siameses gostam de sugar lã. Esse hábito é muito mais comum nos siameses do que em outras raças, o que indica um traço causado provavelmente pela seleção na criação da raça.

UMA RELAÇÃO PERFEITA

O seu melhor amigo

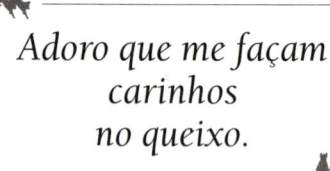

Adoro que me façam carinhos no queixo.

A SATISFAÇÃO QUE SENTIMOS ao cuidar de coisas vivas é a origem da nossa sobrevivência. Também é a razão pela qual muitos de nós temos tanto prazer em dividir a nossa casa com os gatos. É curioso, mas eles podem satisfazer mais do que as crianças as nossas necessidades: nunca crescem, e sempre dependem de nós. É ótimo acariciá-los. A conversa, o toque e o olhar criam uma intimidade que, às vezes, é mais fácil manter com um gato do que com outra pessoa. Eles são uma presença constante e tranqüilizadora em nossa vida, que gostamos de interpretar como lealdade.

A saliva marca o território na mão do dono

Os filhotes são estimulados pelo toque suave

Satisfação mútua
Sentindo-se segura, a mãe lambe a sua mão como lamberia os filhotes. Em contrapartida, você tem prazer ao acariciar-lhe o queixo. As crianças também ganham com o carinho que a família tem por um gato.

Relação de intimidade
É muito gostoso acariciar um gato. Deitado no seu peito, enquanto é acariciado, o animal é um excelente ouvinte. Para ele, você é uma mãe substituta, com a vantagem de não haver entre vocês a competição que normalmente ocorre entre dois gatos.

O olhar direto demonstra confiança

Vida social
(À DIREITA) Os gatinhos desenvolvem a sociabilidade quando você os acaricia e brinca com eles. Os filhotes também aprendem que existe um limite de tempo para as brincadeiras.

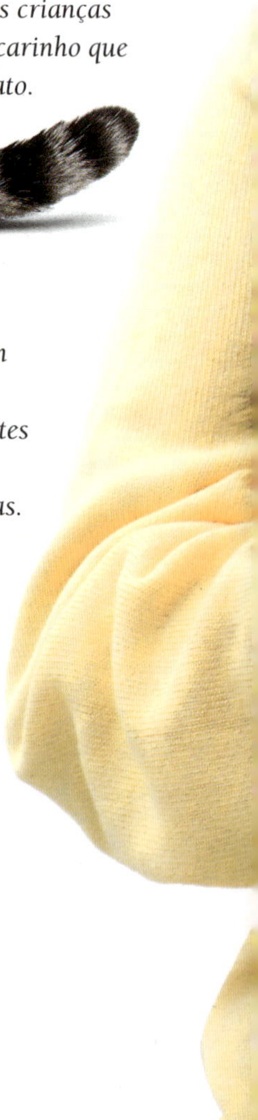

O filhote gosta de sentir o seu cheiro

Às vezes os filhotes ficam inseguros e tentam pular do seu colo

Andando com segurança
(ACIMA) Os filhotes sentem-se mais seguros no chão e ficam felizes quando são mimados. O carinho no queixo satisfaz a necessidade deles de deixar seu odor.

O gato se sente relaxado e confia na sua companhia

Colo de luxo
(ACIMA) Abrigados no colo, os gatos ficam menos excitados. Apertam as patas nas suas pernas e demonstram o prazer que sentem inclinando o pescoço para trás para que possam esfregar a cabeça em você.

O melhor amigo do gato

PARA UM GATO, as pessoas substituem os outros gatos. Eles se relacionam de uma forma muito mais sociável conosco que com outros felinos. As pessoas são as companhias ideais, já que não representam nenhum tipo de perigo para eles. Não disputamos a comida, o território ou o parceiro sexual – fatores que interferem nas relações entre gatos. Quando criados conosco, eles nos consideram "felinos" o bastante para nos tratar como um igual, mas diferentes o suficiente para não representarmos perigo. Uma amizade duradoura pode se estabelecer entre um gato e uma pessoa. Ele considera o seu dono como uma verdadeira supermãe.

> *Você pode não ser minha mãe, mas cuida de mim e me alimenta.*

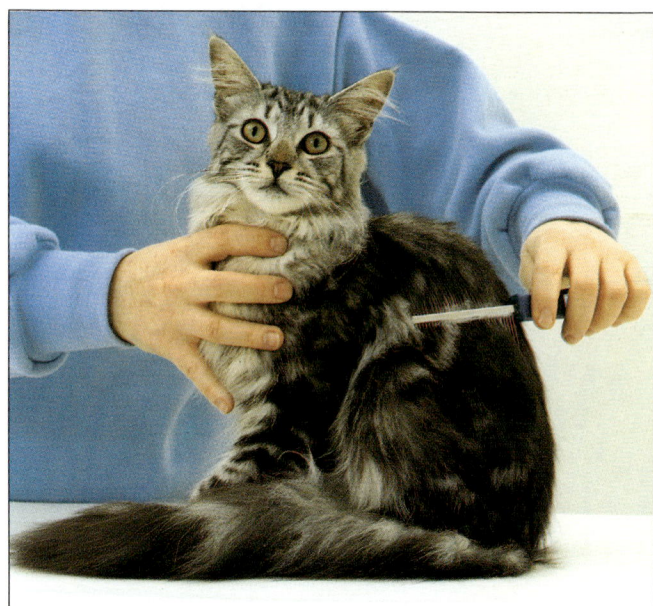

Hora da toalete
(A DIREITA) As raças de pêlo longo precisam de ajuda para manter os pêlos em boas condições, para que não fiquem emaranhados e sem brilho. Este Maine Coon fica sentado enquanto é escovado. A maioria dos gatos gosta desses cuidados, pois a sensação se parece com aquela que tinham quando eram lambidos pela mãe.

O olfato é ativado pelo cheiro da comida

Hora da comida
A mãe se ergue para cheirar a comida. O filhote também repete o ato de pedir a comida quando a mãe volta à caixa com um rato.

O poder do parentesco

Os gatos são preguiçosos por natureza; escolhem sempre a opção mais fácil. Ao dar comida e abrigo para o nosso gatinho, criamos uma relação de dependência semelhante à que os filhotes têm com a mãe. As preocupações de um gato selvagem adulto são o território, a competição e o acasalamento. O gato de estimação não tem essas preocupações, por isso conserva uma certa jovialidade. O processo de seleção de raças tem aumentado essa dependência. Os gatos com pêlos longos, por exemplo, não sobreviveriam sem ajuda para a escovação. Os animais reprodutores são selecionados pelo temperamento. Por exemplo, ao se escolher um animal bonito em vez de um caçador, deu-se origem à raça Ragdoll, desajeitada e carinhosa.

O MELHOR AMIGO DO GATO

Pegue o gato com firmeza

Segure bem o traseiro

O gato cheira a mão e esfrega a cabeça nela num gesto de amizade

A postura das pernas traseiras permite que se estique bem

Gatos saudáveis

Os gatos dependem de nós para se manterem saudáveis. Portanto, devemos levá-los ao veterinário de vez em quando. Acostume seu gato desde cedo à caixa de transporte. Segure-o firmemente ao colocá-lo na caixa.

O felino dependente

O gato se ergue e cheira sua mão num gesto de saudação. Aproxima-se e esfrega a cabeça em você: é seu cumprimento natural. A relação do gato com o homem tem perpetuado a dependência do filhote com a mãe. O resultado é um gato doméstico que confia nas pessoas para suprir suas necessidades fundamentais.

Como segurar o gato

O GATO NÃO É por natureza um animal gregário, e pode se ressentir ao ser tocado de forma incorreta. É uma criatura graciosa, limpa, independente e sensível, portanto é natural que o respeitemos, e ao mesmo tempo é quase impossível resistir à vontade de tocá-lo. Como não está acostumado a ser tocado, o gato só permite que isso aconteça se estiver tranqüilo, confortável e seguro. Se não for acostumado a ser acariciado desde pequeno, resistirá a qualquer tentativa de toque.

O gatinho está relaxado porque está sendo segurado com firmeza

> Se me segurar do jeito certo, ficarei calmo.

A maneira certa de segurar
(ACIMA) Segure as patas traseiras com a palma de uma mão e as patas dianteiras e a cabeça com a outra. Nunca pegue o filhote pelo pescoço como a mãe faz, para não machucar seu corpinho frágil. Carregue ou acaricie o filhote com freqüência para que ele aprenda a gostar de carinho.

Os gatos gostam de receber carinho atrás das orelhas

Esfregando a cabeça
(À ESQUERDA) O gato esfrega a cabeça em você para deixar sua marca. Como não pode lamber atrás das orelhas, gosta de ser acariciado aí. Os seus carinhos são como as lambidas que a mãe lhe dava.

Hora do remédio
(ACIMA) O gato tentará dar patadas ou morder na hora de tomar remédio. Segure bem a cabeça dele com a mão e incline-a para trás para abrir a boca. Coloque o comprimido e feche sua boca. Massageie sua garganta para que ele engula o remédio.

Carinhos
Para o gato, o seu carinho é tão prazeroso quanto a sensação que tem ao fazer a própria higiene. Mas esse tipo de contato físico não é uma atitude natural para um gato adulto, portanto deve ser iniciada no período de socialização do filhote.

COMO SEGURAR O GATO

Hora de colo

A partir de duas semanas de vida, o gatinho deve ficar no colo e ser acariciado durante 1 hora por dia. Quanto mais tempo você passar com ele no colo, quando for filhote, mais ele vai gostar de ser tocado no futuro. No entanto, o afago constante pode gerar emoções confusas. Os gatos revelam sua ambivalência ao morder repentinamente a sua mão e depois voltar para pedir mais carinho. Se você coçar a barriga do seu gato, pode ser que ele tenha uma reação agressiva, pois esta é a parte mais desprotegida do seu corpo, que ele mesmo nunca toca.

O apoio
Para erguer o gato, segure-o pelo peito por trás das patas dianteiras, com uma mão, e com a outra segure as patas traseiras. Dessa forma, sustentará todo o seu peso, evitando que as pernas ou as costelas fiquem mal acomodadas.

A entrega
(A DIREITA) A cauda e as patas livres mostram que o gato está relaxado ao ser passado para a garota. A criança deve segurá-lo firmemente antes que você o solte nas mãos dela.

Ao ser carregado corretamente, o filhote fica relaxado

No colo
Para o gato, não é natural ser carregado no colo. Como prefere a posição vertical, ele só ficará no colo se sentir segurança com a garota.

As unhas recolhidas significam que o filhote não está assustado

O balanço da cauda mostra que ele está à vontade

O braço dobrado dá segurança ao animal

UMA RELAÇÃO PERFEITA

Perambulando livremente

EMBORA O GATO SEJA UM DOS ANIMAIS mais dorminhocos do mundo, ele também precisa de atividade. Um de seus passatempos favoritos é perambular pelo seu território, quando exercita sua habilidade de caçador e deixa marcas para delimitar o seu domínio. Se não lhe for permitido sair de casa, ele ficará horas diante da janela, acompanhando o movimento exterior. Ao ver algo que o excite ou angustie, ele pode subir nos móveis, levantar a cauda e tremer. Fazer xixi dentro de casa é uma forma de demonstrar sua frustração por estar preso. Essa atitude quase sempre ocorre quando o acesso ao exterior é limitado, ou quando existem muitos gatos em casa.

Dentro de casa
(ACIMA) *O gato que vive dentro de casa observa o mundo exterior através da janela. Se avistar um pássaro, pode estalar os dentes e balançar a cauda. Se as suas atividades naturais forem muito restritas, ele ficará agitado.*

A cauda dá equilíbrio ao gato

A caixa sanitária

Se não puder sair, o animal precisa de uma caixa sanitária, colocada em um lugar isolado. Faz parte de sua natureza enterrar as fezes, portanto ele usa com naturalidade a caixa sanitária. Ele se acostuma ao odor e à textura da areia, e pode se recusar a usar outro tipo, se você resolver mudá-la.

PERAMBULANDO LIVREMENTE

As orelhas dobradas indicam curiosidade

Os bigodes sensíveis avaliam a largura

A perna esticada é sinal de confiança

> É hora de explorar o meu território.

Aventuras
O gato é mais ativo ao amanhecer e ao anoitecer. Em geral, quer sair de casa bem cedo, quando você ainda está dormindo. A portinhola dá independência a ele, embora no início precise de ajuda para aprender a usá-la. Mas fique atento porque os gatos da vizinhança podem seguir o seu gato e achar que a sua casa é deles.

Marca de território
(À ESQUERDA) O gato marca o território andando ao longo do muro do quintal. Ele escolhe as nossas fronteiras, como os muros e as cercas. A menos que o tempo o impeça de sair, ele fará patrulhas diárias, para deixar as marcas no seu território. Isso o mantém em boa forma, exercita o seu equilíbrio e estimula as atividades mentais.

À caça
(ACIMA) Para este caçador, o inseto é uma presa. Com as orelhas inclinadas para a frente, em posição de alerta, ele pula sobre a presa. O gato que vive dentro de casa deve ser sempre estimulado a brincar para manter a forma. Ele vai aproveitar todas as oportunidades para exercitar os músculos e praticar suas habilidades de caçador.

UMA RELAÇÃO PERFEITA

Um ser sociável

OS GATOS PODEM CONVIVER com muitos outros animais, além da própria espécie. Para que uma relação duradoura se estabeleça entre um filhote e outro gato ou outro animal, esse filhote deve conhecê-los quando tiver entre duas e sete semanas de vida. Temos em mente o estereótipo do cachorro perseguindo o gato, mas, na realidade, muitos cães são intimidados pelos gatos. Conduza com sensibilidade os primeiros encontros entre um filhote e outro animal, sem invadir o território do gatinho, de forma que ele se afeiçoe a esse novo amigo. A relação resultante é uma característica comportamental que diferencia os gatos domésticos dos gatos de rua.

Quem é esse aí: amigo ou inimigo?

A expressão assustada demonstra insegurança

Primeiros encontros
(ACIMA) *No primeiro encontro com um cachorro, este gatinho fica apavorado. Seu pêlo se arrepia e ele adota uma postura defensiva. Desde que o encontro não seja hostil, da próxima vez que se virem o gatinho ficará menos assustado.*

Filhote bem entrosado
Nem um pouco inibido pelo cachorro, este filhote acostumou-se aos cães desde muito cedo, portanto o medo de animais grandes diminuiu. Se desejar que os seus animais sejam amigos, os gatos devem começar a conviver com os cães entre duas e sete semanas de vida.

A cauda peluda está relaxada

UM SER SOCIÁVEL

A orelha inclinada é sinal de domínio

Intimidando o estranho
O gato adulto dominante defende seu espaço do novo filhote. Bufando e sibilando, ele estende a pata, ameaçando o mais novo. Nervoso, o gatinho recua, inexperiente demais para entender o que está acontecendo. A sua reação silenciosa é confusa.

A pata fechada demonstra domínio, e não agressividade

Fazendo amigos
(À ESQUERDA) *Estes gatinhos se divertem brincando com um novelo de lã. Como o período de união entre os filhotes começa cedo e acaba rapidamente, é melhor adquirir vários filhotes de uma vez se você pretende ter uma família grande de gatos.*

Brincando
(ABAIXO) *Ao mastigar e desamarrar os cadarços, os filhotes descobrem que as pessoas são boas parceiras para as suas brincadeiras. Nenhum deles está com medo, mas o que está deitado, com a cauda para cima, mostra o início de uma atitude defensiva ao agarrar com as patas dianteiras e chutar com as traseiras.*

A divisão do território
No início, um gato pode não gostar de dividir o seu território com outro. Para que a interação ocorra da maneira mais tranqüila possível, deixe que o seu gato cheire o recém-chegado enquanto este dorme. Se o novo filhote for de raça, verifique se já teve contato com outras espécies. Depois de sete semanas de idade, é possível que ele não estabeleça mais laços sociais, portanto será difícil para o gato ser amigo de outros animais de estimação. Lembre-se de que, se o filhote não se assusta com o seu cão, ele pode correr riscos com outros cachorros.

As patas traseiras estão prontas para atacar

Exercícios para a mente e o corpo

SE A ENERGIA do seu gato não for canalizada de uma forma positiva, ele pode se tornar um animal destruidor. Afinal, ele não tem preocupações com a alimentação, portanto não precisa caçar. O gato frustrado, com excesso de energia, começará a mastigar as plantas, arranhar os móveis, rasgar os tapetes e subir nas cortinas.

Pode ficar enfurecido por algum tempo e começar a correr de um lado para outro na sala, ou a correr em círculos, como se estivesse no "globo da morte" – comportamento estranho para o gato, que, em geral, é uma criatura muito preguiçosa! Alguns gatos passam a ter hábitos irritantes como chupar tecidos, sinal de desmame prematuro. Para evitar esses problemas, os animais têm que ser estimulados mentalmente e praticar exercícios.

> *Preste atenção! Estou estragando as suas coisas.*

As garras afiadas arranham o tronco

Plantas
(À ESQUERDA) É mito que os gatos apenas comem plantas quando não estão bem. Embora sejam carnívoros, muitos gostam de mordiscá-las. Em casa, eles rasgam as plantas, por isso não tenha espécies venenosas.

Tecidos
(ACIMA) Se os filhotes ficarem sugando os tecidos, ou o seu corpo, é provável que tenham sido desmamados cedo demais. Os siameses só começam a sugar depois dos seis meses de idade, mas esse é um problema de origem genética.

EXERCÍCIOS PARA A MENTE E O CORPO

Como estimular o gato

Os brinquedos são uma boa forma de os gatos se cansarem. Não têm que imitar suas presas, necessariamente, mas devem estimular as atividades felinas: arranhar, caçar e rebater coisas. Os brinquedos que se movimentam de forma irregular são os favoritos, pois despertam a curiosidade dos animais.

Os arranhadores

(À ESQUERDA) *Do mesmo modo como gostamos de nos espreguiçar ao acordar, o gato tem necessidade de arranhar. Para preservar seus móveis, arranje para ele um bom arranhador.*

Arranhar a corda é útil na troca das unhas

Com a pata, o gato tenta agarrar a bola

As patas golpeiam o brinquedo como se fosse uma ave

As garras enfiadas no tapete dão segurança ao animal

A pose estilo canguru dá equilíbrio

Alvo móvel

Em pé, apoiado nas patas traseiras, com a cauda reta para se equilibrar, este gato se mostra curioso com o brinquedo. Vai pesquisá-lo por meio do tato, do olfato e do paladar. O balanço do brinquedo irá entretê-lo durante horas.

UMA RELAÇÃO PERFEITA

Como educar seu gato

EMBORA QUASE NUNCA reparemos, os gatos vivem aprendendo. Por exemplo, se o seu gato ataca a lata de lixo e não é repreendido, ele aprende que isso vale a pena. Quando se deseja eliminar maus hábitos, as recompensas como alimentação e afeto não funcionam muito. A surpresa, sem sofrimento, é a melhor forma de superar os problemas de comportamento dos felinos.

Saquinho de feijão
Jogue um saquinho com feijão perto do gato se ele tentar, por exemplo, subir nas cortinas.

Papel-alumínio
(ACIMA) Se o seu gato defecar fora da caixa sanitária, forre o lugar com papel-alumínio. Os gatos não gostam de pisar nesse tipo de papel e logo vão preferir a caixa sanitária.

Naftalina
(ACIMA) Para evitar que os gatos escavem os vasos, coloque algumas bolinhas de naftalina na terra (eles odeiam esse cheiro). Use esse recurso apenas se não tiver crianças pequenas.

Borrifador
O gato não gosta de jatos de água. Use um borrifador para espantá-lo quando ele se agarrar ao tapete ou à cortina.

Barulho
Os objetos barulhentos são uma tática-surpresa alternativa. O ruído metálico assusta o gato.

Gire o bico para produzir um jato intenso de água

Castigo de rotina
Quando o seu gato estiver se comportando mal, por exemplo rasgando as plantas, e o borrifador estiver à mão, espirre água nele nesse momento. Não grite, ou o gato começará a associar a punição a você.

COMO EDUCAR SEU GATO

Um tapinha delicado disciplina o gato

Corretivo direto
(À DIREITA) *Se o gato costuma usar você como arranhador, ou chupar as suas roupas, dê um tapinha bem de leve no nariz dele. Não é para doer. Os gatos dominantes sempre dão tapas em outros gatos se eles saem da linha. Só o repreenda dessa forma quando ele se comportar mal com você.*

> *Eu sabia que ia levar bronca!*

A vingança
(À ESQUERDA) *É provável que você não esteja sempre por perto para presenciar as travessuras do seu gato. Nesse caso, crie "armadilhas" para discipliná-lo logo. Por exemplo, deixe panelas e frigideiras na pia da cozinha de modo que possam cair se ele pular sobre elas, ou arme ratoeiras escondidas por uma folha de papel colocada em volta dos vasos.*

Acionando a ratoeira
(ABAIXO) *Para se aproximar da planta, o gato vai ter que pisar no papel. Com isso, fará pressão suficiente para disparar a ratoeira.*

A ratoeira vai rasgar o papel, mas o gato não se machucará

41

Cuide bem do seu gato

O GATO DOMÉSTICO é um carnívoro africano extremamente adaptável, que gosta de viver com os seres humanos. Para muitos de nós, alguns de seus comportamentos naturais, como a delimitação do território e os hábitos de higiene, podem ser socialmente inaceitáveis, mas quando os animais são treinados corretamente eles domesticam seus hábitos naturais. Aprendem imediatamente a usar a caixa sanitária, a arranhar objetos específicos e a comer a comida que preparamos.

COMO PREPARAR A CAIXA

TIPOS DE AREIA

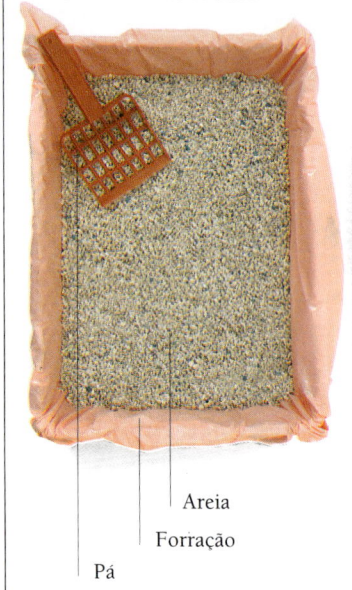

Areia
Forração
Pá

Areia
Argila
Flocos de madeira prensada

Areia
(À ESQUERDA) Forre a caixa sanitária com um plástico antes de enchê-la de areia. Para o gato, o que mais importa é como ele sente a areia ao pisá-la. Por isso, pode acabar tendo preferência por uma determinada textura e relutar em usar um tipo diferente.

Liberdade
(ACIMA) Pouco comuns no Brasil, as portas especiais para gatos permitem que o animal tenha maior liberdade para entrar e sair de casa.

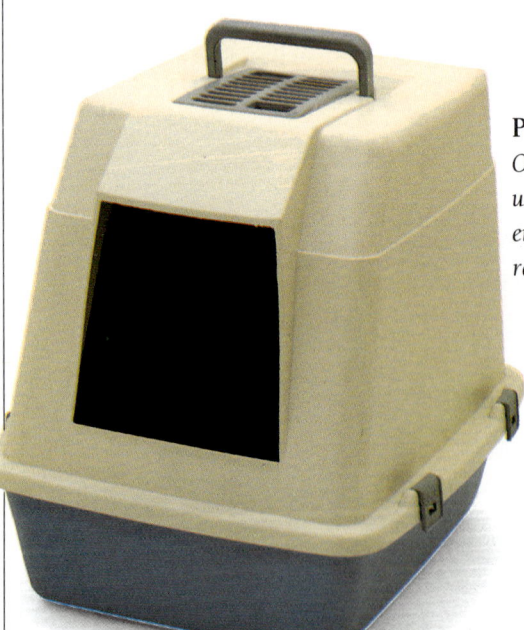

Privacidade
Os gatos gostam de usar a caixa sanitária em um local tranqüilo e reservado. As caixas com tampa proporcionam segurança a eles. Algumas têm filtros internos para purificar o odor.

Ração seca

Ração úmida, em lata

Alimentação
Apesar de a alimentação úmida parecer a opção mais natural, muitos gatos preferem alimentos secos. Comer os ossos dos bichinhos que caçam é normal para os gatos, e mastigar a ração seca deve imitar aquela sensação. Não se esqueça de deixar água fresca para o seu gato.

CUIDE BEM DO SEU GATO

Recompensas

Ao treinar um gato, desejamos redirecionar seu comportamento natural, de forma que ele desenvolva hábitos mais adequados para viver em nossa casa. As recompensas funcionam com os cães, mas os gatos não reagem bem a elas. Para eles, a recompensa é ter todas as necessidades providas.

Na troca das unhas, a corda é um excelente material para arranhar

O rato peludo estimula a caça

Cesta de transporte

(ACIMA) O gato aprende a associar a cesta de transporte à ida ao veterinário. Fazer da cesta uma cama quentinha e protegida ajuda a associá-la a experiências agradáveis.

Brinquedos

(À DIREITA) Os brinquedos proporcionam estímulo físico e mental. Os gatos gostam de brincar com bolas leves e ratinhos, que estimulam sua natureza de caçador. Os brinquedos mais sofisticados estimulam a audição, o tato e a visão.

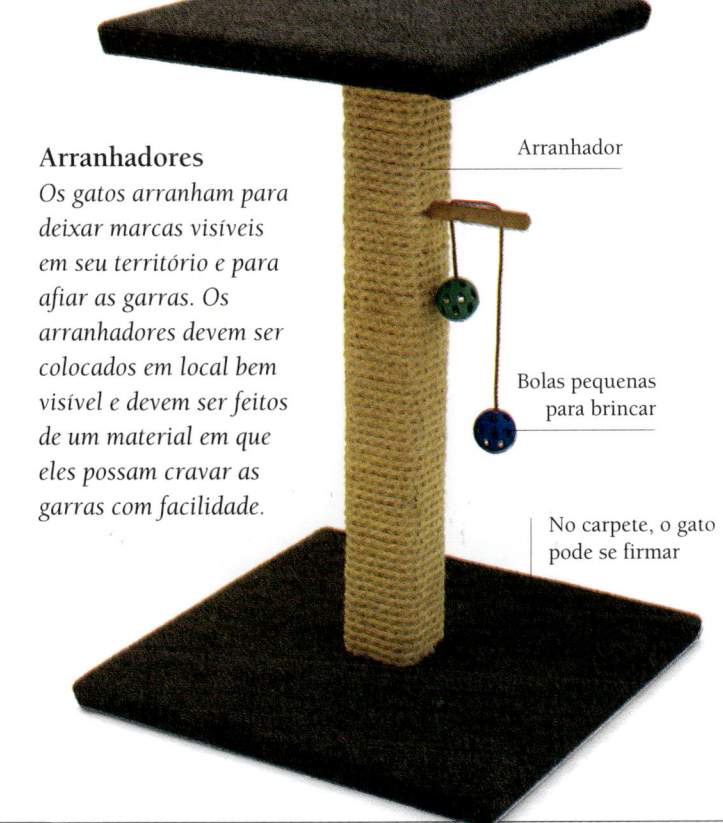

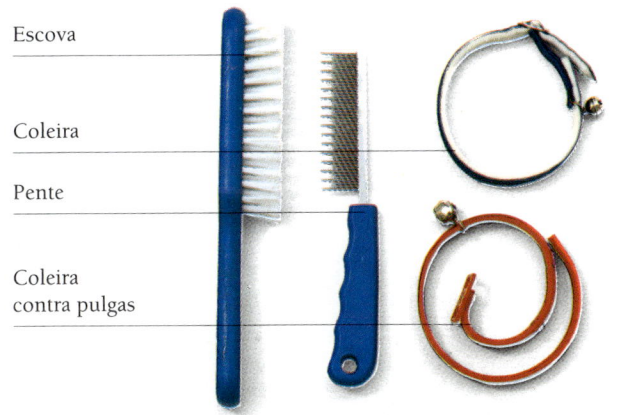

Arranhador

Escova

Coleira

Pente

Coleira contra pulgas

Arranhadores

Os gatos arranham para deixar marcas visíveis em seu território e para afiar as garras. Os arranhadores devem ser colocados em local bem visível e devem ser feitos de um material em que eles possam cravar as garras com facilidade.

Bolas pequenas para brincar

No carpete, o gato pode se firmar

Escovas, pentes e coleiras

Os gatos domésticos, principalmente os de pêlo longo, precisam de cuidados adicionais além dos que já proporcionam a si mesmos e uns aos outros. Se o pêlo do seu gato estiver muito sujo, dê-lhe um banho, seco ou úmido. E pergunte ao veterinário como aparar as unhas dele.

A FAMÍLIA

Dependência total
Depois de ter sido lambido, este filhote depende unicamente da mãe para tudo de que precisa.

Prenhe
O abdômen dilatado indica que esta futura mamãe está perto de ter seus filhotes.

Trabalho de parto
Dar à luz é um processo cansativo. Esta gata está ofegante durante o trabalho de parto.

TRANQÜILIDADE, SERENIDADE e uma atitude digna envolvem a mamãe gata antes e depois do parto, assim como durante a gestação. Desde a fase inicial da gestação, algumas semanas depois do acasalamento, até desmamar os filhotes, quando eles têm por volta de oito semanas de vida, o temperamento e o comportamento da gata são muito influenciados pela progesterona, o hormônio da gravidez e da lactação. Ela fica mais calma, menos propensa a brigas, e demonstra uma afeição maior pelas pessoas. Ao se aproximar a hora do parto, e durante várias semanas depois que os filhotes nascem, ela não se afasta muito de casa, para ficar perto da prole.

A progesterona suprime o medo, dando segurança e tranqüilidade ao animal. Ao mesmo tempo, porém, permite que a mãe desenvolva uma defesa agressiva.

Desenvolvimento rápido
Embora os sentidos se desenvolvam rapidamente, este gatinho precisa da mãe para estimular suas funções corporais.

Agrupamento
Quando a mãe sai para procurar comida, os filhotes se aconchegam uns aos outros em busca de calor.

Respiração
A língua grossa da mãe limpa o filhote, retirando todos os fluidos do parto, e estimula a sua respiração.

Se uma mãe que estiver amamentando achar que seus filhotes correm perigo por causa de um intruso, primeiro ela ameaça, em seguida desfere um terrível ataque. Ao contrário de outras situações, o blefe não faz parte da agressão materna. Ela continua atacando até que a razão de sua ansiedade se afaste da ninhada. Mesmo o mais forte dos machos respeita a ferocidade de uma fêmea que está protegendo a prole.

O cuidado materno é muito importante no ciclo de vida dos felinos. Na verdade, os gatos podem ser classificados como uma espécie verdadeiramente matriarcal. A sobrevivência de cada filhote depende unicamente das fêmeas. Mesmo que a mãe natural seja a primeira responsável pelos seus filhos, outras fêmeas alimentarão e protegerão os filhotes na ausência dela. Nem o pai nem outros machos cuidam dos gatinhos recém-nascidos.

Provedora
Durante as primeiras três semanas de vida, esta mãe fornecerá leite, calor, contato e conforto aos seus filhotes.

A FAMÍLIA

A gestação

A GATA PRENHE deve ter uma vida normal. Durante as primeiras fases da gestação, ela pode sair e caçar. Fazer escaladas pode ser perigoso quando a gestação já estiver mais adiantada porque o peso dos filhotes altera o centro de gravidade e influencia o equilíbrio da mãe. Naturalmente, ela será mais cuidadosa, mas a mãe experiente se adapta melhor às mudanças provocadas pela gestação. Um nível maior de progesterona começa a influir no comportamento materno, e a gata prenhe precisa de mais tempo para relaxar. Perto do final, o nível de estrogênio aumenta, e ela começa a procurar um lugar para a sua ninhada.

Deitada confortavelmente
(ABAIXO) A gata prenhe se deita. Esticada, distribui melhor os bebês no abdômen enquanto se apóia no chão. Mantém-se normalmente ativa, até que o peso da ninhada e as alterações hormonais provoquem uma redução de seu ritmo, fazendo com que passe a descansar por mais tempo.

Sinais de gravidez
A barriga grande está claramente saliente no corpo desta futura mãe oriental. Em média, o número de gatinhos por ninhada é de quatro, mas os gatos orientais tendem a ter ninhadas maiores que as de outras raças.

As pupilas contraídas mostram que a gata está relaxada

Os filhotes em gestação

Se você desconfiar que a sua gata está prenhe, confirme suas suspeitas verificando se os mamilos estão rosados e se a barriga está aumentando. Depois de quatro a cinco semanas da concepção, você poderá sentir protuberâncias do tamanho de uma bola de golfe. Os toques de mão para examinar a futura mamãe devem ser muito delicados, pois podem prejudicar os embriões ou até induzir o aborto. A gata deve começar a se comportar de modo maternal. A gestação dura nove semanas. Na metade desse período, os embriões já são minigatinhos perfeitos. A partir daí, desenvolvem-se rapidamente, pesando cerca de 100 gramas ao nascer.

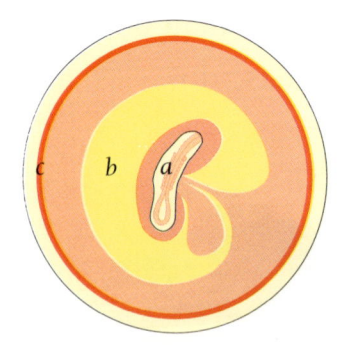

Dezesseis dias
O embrião (a) é envolvido por um fluido (b) e está ligado à parede do útero (c).

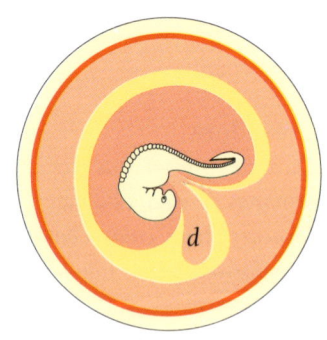

Dezoito dias
A cabeça, a espinha dorsal e a cauda estão definidas. O saco vitelino alimenta o embrião (d).

A GESTAÇÃO

Comportamento materno

Mesmo antes de a gata começar a engordar e dar sinais evidentes da gestação, seu apetite aumenta e ela fica menos ativa. Perto do final, a gata fará a própria higiene com mais freqüência, limpando principalmente o abdômen e as áreas genitais. À medida que o parto se aproxima, ela passará mais tempo no ninho, impregnando-o com seu cheiro. Isso ajudará os recém-nascidos a se sentirem "em casa".

Não consigo me sentir confortável.

A barriga grande lhe dá a forma de pêra

Ela estica as pernas em busca de uma posição confortável

Os mamilos rosados e salientes se preparam para amamentar

Para conservar a energia

(ACIMA) *Para conservar a energia necessária para o parto, a mãe fica menos ativa. Sua tendência é passar mais tempo sentada ou deitada. O aumento do nível de progesterona, o hormônio da gestação, faz com que fique mais calma e tenha esse comportamento materno.*

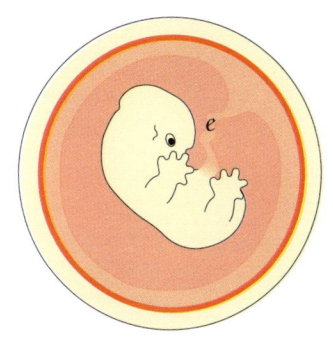

Vinte e um dias
Os membros e os olhos já estão formados. O cordão umbilical alimenta o embrião (e).

Vinte e oito dias
Todos os órgãos internos estão formados. O feto mede cerca de 2,5 cm.

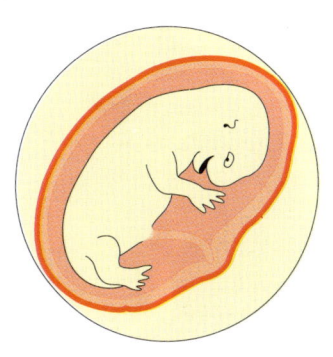

Trinta e cinco dias
O feto cresce rapidamente e agora mede cerca de 6 cm.

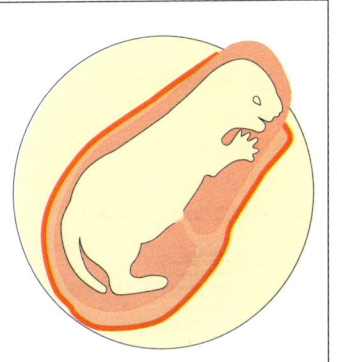

Sessenta e três dias
O filhote já está pronto para nascer. Nos últimos 28 dias, dobrou de tamanho.

A FAMÍLIA

A hora do parto

RARAS VEZES O PARTO é muito difícil. Num certo momento, entre 60 e 70 dias após o acasalamento, o relógio biológico da mãe altera a sua produção hormonal e o trabalho de parto começa. A gata se dirige para o ninho – um lugar aconchegante e reservado, com uma superfície que possa escavar. Com a respiração acelerada, começa a ronronar ritmicamente. Durante o trabalho de parto, geralmente produz uma secreção vaginal, e logo depois começa a se contorcer. Quando as contrações passarem a ocorrer de 30 em 30 segundos, o parto é iminente. Uma mãe habilidosa e sadia dará conta do parto sem a sua ajuda.

Não me perturbe. Posso fazer isso sozinha.

A perna erguida deixa o caminho livre

1 Trabalho de parto
O filhote sai pelo canal do parto, num saco lubrificado. A mãe possui um bom controle dos músculos abdominais e se concentra em fazer pressão para que o filhote possa sair. Ela ergue a perna para deixar o caminho livre.

2 O nascimento
O filhote nasce e a dor diminui, permitindo que a mãe se incline de modo a alcançar o saco amniótico e poder retirá-lo com lambidas. O ato de lamber é uma reação instintiva. O filhote nasce em posição de "mergulhador": cabeça e pés primeiro. Cerca de 70% dos filhotes de gato nascem dessa forma.

A perna relaxada indica que as contrações diminuíram

A língua retira a membrana resistente

Cada filhote nasce envolto num saco amniótico

A HORA DO PARTO

3 A higiene
(À DIREITA) A mãe limpa o recém-nascido e come o saco amniótico. Ao lamber o filhote, ela seca seu corpo, evitando que ele se resfrie. Nesse momento, eles ainda estão presos pelo cordão umbilical.

4 O sopro da vida
(ABAIXO) Agora, a mãe lambe o rosto do recém-nascido para tirar todo o muco das narinas e da boca dele. Faz isso com força e vigor – o ato de lamber deve fazer com que o filhote ofegue para que, então, seus pulmões se inflem e ele comece a respirar livremente.

A mãe lambe o rosto do filhote para tirar o muco e facilitar a respiração

5 Escondendo as evidências
Depois que cada filhote nasce, a mãe se prepara para o nascimento do próximo. Ela lambe todos os fluidos em volta da área genital e até do chão. Enquanto faz isso, deixa de lado os filhotes que nasceram.

O posicionamento correto é um reflexo que se desenvolve no útero

Os filhotes se orientam por meio dos receptores de calor localizados na cabeça

A FAMÍLIA

Depois do parto

1 Dois trabalhos simultâneos
(À ESQUERDA)
Desconcentrada, a mãe lambe um filhote enquanto o outro nasce. Em seguida, ela dará atenção ao recém-nascido, lambendo-o para retirar a membrana que o envolve. Quanto mais filhotes tem uma gata, mais experiência ela ganha no processo do parto.

A mãe relaxa a perna quando sua atenção não se concentra mais no filhote que está nascendo

O recém-nascido ainda está no saco amniótico, onde não pode respirar

❝ *Meus filhotes dependem de mim para tudo.* ❞

O cordão umbilical é cortado

DEPOIS DO PARTO

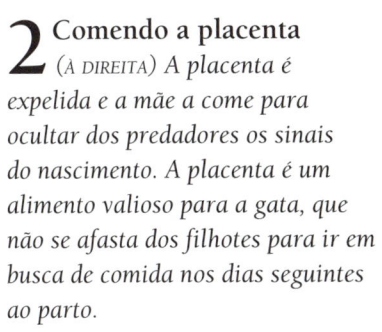

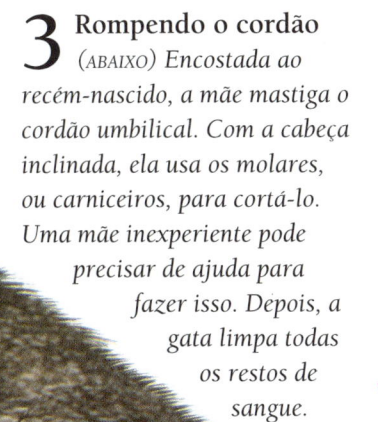

2 Comendo a placenta
(À DIREITA) A placenta é expelida e a mãe a come para ocultar dos predadores os sinais do nascimento. A placenta é um alimento valioso para a gata, que não se afasta dos filhotes para ir em busca de comida nos dias seguintes ao parto.

A mãe come a placenta, rica em nutrientes

3 Rompendo o cordão
(ABAIXO) Encostada ao recém-nascido, a mãe mastiga o cordão umbilical. Com a cabeça inclinada, ela usa os molares, ou carniceiros, para cortá-lo. Uma mãe inexperiente pode precisar de ajuda para fazer isso. Depois, a gata limpa todas os restos de sangue.

4 O preparo do alimento
(ABAIXO) Às vezes, mesmo antes de nascer o último filhote, a mãe se dobra em forma de ferradura, puxando com a pata os gatinhos para os mamilos. Os filhotes dão os primeiros passos na direção dos mamilos e se aninham para mamar.

Lamber o traseiro dos filhotes estimula suas funções corporais

Sobrevivência
A sobrevivência da ninhada depende da habilidade da mãe de estimular a respiração da prole e mantê-la aquecida. Ela também tem de alimentar todos eles e protegê-los dos perigos. Para esconder os sinais de fragilidade dos recém-nascidos, ela lambe todos os fluidos do parto e come a placenta.

A FAMÍLIA

Cuidados com os recém-nascidos

O INTERVALO ENTRE os nascimentos pode ser de apenas 5 minutos ou de até 2 horas. Com ninhadas muito grandes, a mãe pode parir apenas alguns filhotes e parar, exausta, para alimentá-los. Ela então vai entrar em trabalho de parto novamente, até 24 horas depois, para parir o restante da ninhada. Os recém-nascidos dependem da mãe para se alimentar, proteger e aquecer. Ela é instintivamente maternal e começa a lambê-los e alimentá-los assim que nascem. Raramente os deixa nas primeiras 48 horas de vida.

O filhote solitário
(ACIMA) *Abrigando-se junto à mãe em busca de calor e segurança, este filho único não tem a vantagem de crescer e aprender a conviver socialmente numa ninhada maior.*

Localização dos receptores de calor, a capacidade mais desenvolvida dos filhotes

Os filhotes se amontoam em busca de calor

Os pés rosados indicam que a circulação está funcionando bem

A rivalidade
Numa ninhada grande, existe competição entre os filhotes. A rivalidade é saudável, uma vez que estimula a criatividade. Mas, às vezes, surge um perdedor, ou "rejeitado", no grupo.

CUIDADOS COM OS RECÉM-NASCIDOS

Atenção integral
A mãe lambe os filhotes, respondendo aos seus miados de fome. Os últimos recém-nascidos ainda estão molhados, mas as lambidas da mãe estimulam a respiração deles. A circulação também já está funcionando bem, o que pode ser visto pela cor rosada dos pés e da barriga.

> *Estou completamente exausta, mas preciso cuidar dos filhotes.*

O cansaço do parto deixa a gata ofegante

As patas da mãe guiam os filhotes até os mamilos

Não perturbe!
(ACIMA) *Se a perturbarem, a mãe ficará irritada e começará a sibilar e a bufar. Mantendo-se ao lado dos filhotes, ela resfolega de cansaço. Em breve, ela se acalmará e se deitará para amamentá-los.*

A proteção dos filhotes

Indefeso
O recém-nascido não enxerga, não ouve e não anda. Usa os receptores de calor do rosto para localizar a mãe.

A MÃE LOGO SE LIGA aos recém-nascidos e, instintivamente, sabe como cuidar deles. Mesmo uma mãe de primeira viagem responde aos miados dos filhotes, puxando-os para si quando dela se afastam. Ela reconhece cada um dos filhotes da ninhada pelo cheiro, secretado pelas glândulas localizadas na cabeça. Os filhotes só descansam quando estão junto da mãe ou uns dos outros. Apenas quando parecem estar acostumados ao novo meio, a mãe abandona o ninho, que ficou sujo, e os transfere para um lugar mais seguro. A origem dessa atitude está na vida selvagem, quando era necessário se afastar dos sinais do parto, que poderiam atrair os predadores perigosos.

Mordida delicada
A mãe abandona o ninho sujo quando os filhotes têm quatro dias de vida. Ela leva um de cada vez, carregando-o nas mandíbulas, enquanto o filhote continua relaxado e quieto.

A gata carrega o filhote bem preso nas mandíbulas

Não estamos seguros aqui; vamos para outro lugar.

A PROTEÇÃO DOS FILHOTES

O descanso
A mãe está feliz e tranqüila no novo ninho e parece esquecida dos filhotes que se agarram a ela. Eles são atraídos para junto da mãe por causa do calor de seu corpo.

Os filhotes mais ousados mamam primeiro

As mandíbulas fortes e sensíveis carregam o filhote sem machucá-lo

As pernas traseiras se flexionam e a cauda dobra

Posição de transporte
O filhote fica em posição fetal enquanto é transportado para o ninho. Mais tarde, os gatos adotam a mesma posição quando são carregados pelo cangote.

A transferência
A mãe anda com uma postura elevada quando carrega o filhote na boca, para reduzir o risco de batidas e encontrões. Se a distância entre os ninhos for grande, ela pode transferir os filhotes, um de cada vez, para um ninho no meio do caminho e, depois, para o novo ninho.

A FAMÍLIA

A amamentação

Os olhos se abrem entre quatro e dez dias de vida

As orelhas não se abrirão antes do décimo dia de vida

1 Canal de leite
(ABAIXO) Os mamilos da parte traseira do corpo da mãe são mais abundantes em leite. Os filhotes dominantes acabam escolhendo estes, e se desenvolvem fortes e seguros.

Olhos abertos
Os olhos do filhote, agora com seis dias de vida, se abriram. Os filhotes criados por mães jovens ou em locais escuros abrem os olhos mais cedo do que o normal.

AS MÃES FICAM MUITO calmas quando amamentam os filhotes, por influência da progesterona, o hormônio da gravidez. Esse hormônio estimula a produção de leite e dá à mãe um apetite voraz. O primeiro leite que ela produz, o colostro, protege os filhotes de muitas doenças. Os sentidos dos gatinhos se desenvolvem rapidamente durante os primeiros dias de vida. Eles aprendem a reconhecer o cheiro do mamilo favorito. O usurpador quase sempre desiste de sugar quando o "dono" reclama a posse de seu mamilo preferido.

Calma, crianças, há espaço para todos!

Relaxamento total
A progesterona, que estimula a produção de leite, deixa a mãe satisfeita. As pupilas contraídas indicam que ela está calma.

A AMAMENTAÇÃO

2 A luta pela posição
(À DIREITA) *Durante as primeiras semanas, os filhotes dependem da posição da mãe para que possam mamar. Involuntariamente, o "perdedor" não é alimentado pela mãe. Ela estica a pata e o rejeita.*

A posição para dormir é adotada para amamentar

O filhote menos dominante pode acabar sendo rejeitado

A mãe aproxima os filhotes dos mamilos

Os filhotes se mantêm perto da mãe com a ajuda das pernas traseiras

3 Hora de mamar
(ABAIXO) *A mãe permite que os filhotes mamem durante um tempo limitado. Depois, ela começa a se levantar, forçando-os a soltar seus mamilos. Quem não mamou perdeu a vez. Mesmo atenta, ela só se mostrará preocupada se ouvir um chamado aflito.*

Os mamilos mais produtivos ficam na região abdominal

Alimentados, os filhotes levantam a cabeça e se afastam

Este filhote desistiu de mamar e vai andar por aí

57

A FAMÍLIA

Filhotes de criação

Não importa que esses filhotes não sejam todos meus: vou tomar conta deles.

A CRIAÇÃO DE FILHOTES DE OUTRAS GATAS não se deve à intervenção humana na linhagem dos felinos. É uma atitude normal, que permite que algumas gatas deixem a ninhada aos cuidados de outra enquanto vão caçar. Nos primeiros dias após o parto, o instinto materno da gata é tão forte que ela adota os recém-nascidos necessitados, se tiverem apenas alguns dias de vida. Os filhotes muito novos não percebem a diferença, e aceitam o aconchego e a alimentação da fêmea disponível.

Os filhotes lutam para agarrar um mamilo

Os dois filhotes adotivos sugam os melhores mamilos

A mãe adotiva
Esta gata birmanesa alimenta seus filhotes tonquineses e dois siameses que foram incorporados à família com apenas alguns dias de vida. Os filhotes adotivos se adaptaram bem e disputam a alimentação com os outros.

A família unida
Os filhotes formam um grupo unido, da mesma forma que uma ninhada normal, amontoando-se em busca da segurança e do calor do contato físico. O crescimento num grupo de quatro irmãos lhes dará mais oportunidades para desenvolver brincadeiras e suas habilidades mentais.

Lugar para todos
Os filhotes tonquineses já encontraram os mamilos e serão defendidos pela mãe. Ela continua alimentando a todos até a hora de desmamá-los. Normalmente, os filhotes adotivos prolongam a produção de leite, uma vez que a sucção adicional estimula seu fluxo.

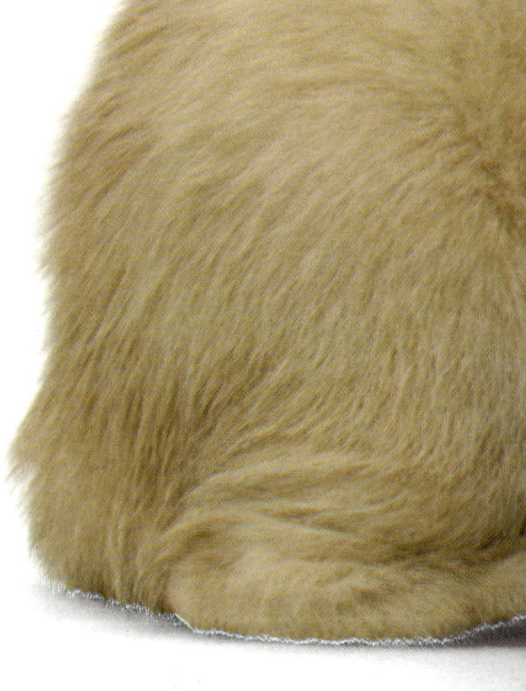

FILHOTES DE CRIAÇÃO

Mamadeira
Ao ser alimentado com um conta-gotas, o filhote se apóia nas patas para se sentir mais tranqüilo. Ele pressiona a toalha da mesma forma que o faria com o tecido mamário da mãe, o que estimula o fluxo de leite.

Filhote órfão

Você pode alimentar um filhote órfão com leite especialmente preparado, usando um conta-gotas. O filhote reagirá bem à alimentação, mas, a menos que cresça em contato com outros gatos, será privado do contato social com os outros filhotes e com a mãe. Isso pode gerar problemas emocionais, tornando o filhote pouco sociável. Adulto, ele pode se tornar um reprodutor fraco.

Crescer em grupo

A criação coletiva é mais comum em grupos de gatos de rua. As mães que amamentam cuidam em conjunto de cerca de 40 filhotes. Dessa forma, os filhotes têm uma atividade social intensa. Mas a disputa por uma mama é grande, e com isso os filhotes menores estão sempre em desvantagem.

Os filhotes siameses têm pontos escuros nas orelhas

O FILHOTE EM CRESCIMENTO

Independência
Este filhote está começando a descobrir a vida longe da mãe.

COM ALGUMAS SEMANAS de vida, o filhote passa da total dependência da mãe e dos irmãos a um estado de independência completa. Com três semanas, ele começará a fazer suas próprias explorações e a brincar com o resto da ninhada e com a mãe. Os sentidos da visão, da audição, do olfato e do tato estarão completamente desenvolvidos quando o filhote tiver cinco semanas de idade; com 12 semanas, ele terá a agilidade, a mobilidade e todo o encanto de um gato adulto.

Sob circunstâncias normais, as brincadeiras costumam terminar em brigas. Os filhotes dominantes transformam as brincadeiras em demonstrações de superioridade, e o que antes era uma atividade agradável se transforma numa séria demonstração de força. As brincadeiras entre fêmeas e machos ficam menos freqüentes à medida que a ninhada amadurece sexual-

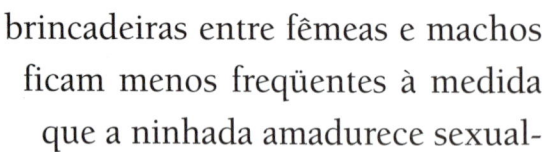

Curiosidade
Ao crescer, o filhote vai descobrindo mais coisas sobre o seu meio.

Base segura
Quando assustados, os filhotes voltam correndo para perto da mãe.

Amizade
Amigos desde cedo, o gatinho e o esquilo manterão a amizade para o resto da vida.

Agilidade
Um caçador bem-sucedido deve ser capaz de saltar e agarrar. Com 12 semanas, o filhote terá desenvolvido todos os movimentos de um adulto.

mente. Quando os filhotes nascem em nossa casa, garantimos que tenham segurança, aconchego, conforto e alimento. Obviamente, isso reduz a necessidade do felino de se tornar um caçador auto-suficiente, a fim de garantir a sobrevivência na vida selvagem. Domesticável por sua própria escolha, o gato desenvolveu comportamentos adequados ao ambiente doméstico.

Com freqüência, interrompemos o ciclo sexual normal do gato, ao castrá-lo antes da puberdade. Isso altera os odores naturais e reduz muitas das tensões inerentes às relações dos filhotes. Sendo assim, gatos domésticos não têm muito pelo que brigar. Por isso as brincadeiras destemidas entre filhotes podem durar toda a vida – pois as lutas por território e dominação não têm mais grande importância.

Jogos de poder
A posição das orelhas e as tentativas de dar mordidas indicam que, neste caso, a brincadeira virou uma disputa séria por questões de domínio.

61

O despertar dos sentidos

As orelhas se abrem aos dez dias, quando a audição já está bem desenvolvida

A cauda ereta dá mais agilidade

UM APRENDIZADO importante tem início com três semanas de idade, quando todas as aptidões sensoriais do filhote começam a funcionar. Para ser um bom caçador, ele tem de desenvolver o olfato e o tato, exprimir seus sentimentos oralmente e ser ágil, aprendendo a se movimentar com segurança.

As garras não se retraem nesta idade

Uma pata de cada vez para ter estabilidade

Chamado aflito
(À ESQUERDA) *Com a boca bem aberta, este gatinho ansioso chama pela mãe. A voz funciona desde o nascimento, e o filhote utiliza a laringe para produzir esse chamado aflito quando tem fome, está preso, com frio ou isolado de seus irmãos. Para nós, o som se assemelha ao de um bebê. As mães logo aprendem a distinguir o chamado do filhote.*

O DESPERTAR DOS SENTIDOS

> *O que está acontecendo por aqui? Sou curioso e quero descobrir.*

De cabeça baixa, ele fareja
A curiosidade aparece cedo. Estes gatinhos usam o olfato para explorar o ambiente. O olfato é o sentido mais amadurecido no nascimento, e o primeiro a se desenvolver por completo.

A cauda é maior em relação ao resto do corpo, para auxiliar o equilíbrio

O olho fica enevoado até cinco semanas de idade

Um sentido de equilíbrio
(ACIMA) *O filhote de três semanas acabou de dominar o andar. Ainda aprendendo a se equilibrar, parece um pouco desajeitado. Na tentativa de levantar uma pata por vez, ele dá passos com as patas afastadas. Embora os receptores do tato já estejam maduros, o cérebro ainda não compreende muito bem os estímulos.*

O gatinho ainda hesita ao colocar as patas no chão

O FILHOTE EM CRESCIMENTO

A confiança na mãe

A CURIOSIDADE DOS FILHOTES se desenvolve muito antes do medo, e mesmo com andar vacilante eles se põem a investigar o que vêem, ouvem ou farejam. Embora logo se tornem gregários, sociáveis e inquisitivos, os gatinhos permanecem extremamente dependentes das mães para comer, se limpar e escapar de perigos. Cabe a ela observar suas atividades e ir buscá-los quando acha que estão correndo riscos. Até a idade de seis semanas, ela é a fonte de alimento dos filhotes, oferecendo-lhes o contato necessário para um bom desenvolvimento físico e emocional.

Mãe alerta
A mãe sempre mantém um olhar atento sobre os gatinhos. Aqui ela traz de volta um filhote desgarrado. Conforme o gato cresce, a pele do pescoço fica mais solta, o que dificulta à mãe segurá-lo pelo pescoço.

A mãe lambe o traseiro dos filhotes

A higiene
Nas primeiras três semanas, a mãe lambe a região urogenital dos filhotes para estimulá-los a urinar e defecar. Ela devora todas as secreções corporais dos gatinhos. Assim que passam a se alimentar de sólidos, ela se dispõe menos a cuidar da higiene deles.

A língua áspera penteia o pêlo

Primeiros passos
Este filhote precoce, de quatro semanas, já se aventura sozinho. A mãe fica a postos, observando o progresso do filho.

A CONFIANÇA NA MÃE

Sei que você vai me ajudar sempre.

A expressão um pouco aborrecida indica irritação

Bem-estar

(ACIMA) Este filhote de sete semanas ainda exige contato físico com a mãe. A expressão facial da gata mostra que ela está levemente aborrecida ao ser usada como trepa-trepa, mas não opõe resistência.

As pernas estendidas mostram que a mãe está relaxada

Alimento e segurança

Na sexta semana, os filhotes já não dependem do leite materno para se alimentar, mas continuam mamando. Com as cabeças bem próximas, eles competem por uma mama. Gostam da segurança de estar com a mãe, que, relaxada, lambe o traseiro de um deles. O desmame antes de seis semanas prejudica o desenvolvimento emocional normal dos filhotes.

A cauda se levanta enquanto o filhote se aninha para encontrar uma mama

A cauda relaxada mostra que o filhote já começou a mamar

O FILHOTE EM CRESCIMENTO

Ele avança

DESDE O NASCIMENTO, os filhotes engatinham. Os receptores de calor, localizados no focinho, indicam onde encontrar a mãe. Com duas semanas, o cérebro recebe informações de outros sentidos para desenvolver um movimento fluente. Com sete semanas, o filhote se move como um adulto, e na décima ele anda sobre superfícies estreitas em perfeito equilíbrio.

> *Vamos em frente.*

Cauda empinada para se equilibrar

Os receptores de calor são muito sensíveis

A barriga se arrasta no chão

1 Arrastando-se
Com dez dias, o filhote avança com a barriga no chão, arrastando-se com seus membros. A cabeça é usada como uma sonda para localizar o aconchego do ninho.

2 Agachado
Com duas semanas, o gatinho consegue se equilibrar, mas não consegue andar com facilidade. Embora agüente o peso do corpo, ele cai ao tentar levantar mais de um membro por vez. As patas ficam próximas do chão enquanto ele anda.

Pata inteira no chão para se equilibrar

3 De pé
O aumento da mobilidade coincide com uma enorme curiosidade. Com três semanas, as patas traseiras do filhote estão erguidas na posição de velocista. Ele consegue agüentar todo o peso do corpo e posicionar as patas, porém ainda não exatamente onde deseja.

A posição natural do gato é na ponta dos pés

Movimentos

Todos os sentidos enviam mensagens para o cérebro. O cérebro interpreta essas mensagens, e, então, envia rapidamente mais instruções para os músculos apropriados, permitindo que o gato aja com naturalidade. Os membros anteriores se movem livres, e, como o centro de gravidade fica mais próximo da cabeça, a maior parte da atividade se origina da parte dianteira do corpo. As patas traseiras aceleram o movimento e a cauda age como um leme.

ELE AVANÇA

Cauda ainda empinada para manter o equilíbrio

4 Confiante
O filhote ainda tem de se concentrar muito para saber onde pôr as patas, mas, com quatro semanas, já não cai mais. O órgão do equilíbrio, no ouvido, está desenvolvido o suficiente para que ele persiga seus irmãos e outros objetos.

A volta ao lar
Quando já domina os movimentos, o gato encontra o caminho de volta ao lar. Os gatos se orientam pelo campo magnético da Terra: se forem colocados em um labirinto, saem dele na direção de suas casas; se ficarem com um ímã perdem o caminho de casa. Os mais velhos se deslocam com mais facilidade que os mais novos, e todos se saem bem quando estão a menos de 12 km de casa.

A pata avança com segurança

5 O pequeno adulto
Com cinco semanas, o gatinho se movimenta com facilidade. Não precisa mais se concentrar tanto, e anda naturalmente, imitando a mãe. Abaixa a cauda, já que ela não serve mais como leme.

Cauda numa posição mais baixa

6 Com grande agilidade
Quando completa dez semanas, o filhote já aprendeu todos os movimentos necessários para a sobrevivência. Consegue subir num galho de árvore, sem perigo de cair. Embora ainda pequeno, tem agora todas as características de um caçador rápido, ágil e silencioso.

As patas absorvem o choque das superfícies irregulares

O FILHOTE EM CRESCIMENTO

Saltos e pulos

DESTINADOS A SER caçadores, os filhotes desenvolvem rapidamente uma invejável e graciosa agilidade. Assim, são capazes de alterar a posição do corpo e apanhar presas incríveis num piscar de olhos. Com seis semanas, seu equilíbrio é tão bom quanto o do ser humano jamais será. Isso se deve ao fato de grande parte do seu cérebro dedicar-se a receber e interpretar mensagens do órgão do equilíbrio e dos olhos. Seu esqueleto e seus músculos foram adaptados para agarrar, escalar e se equilibrar.

Com impulso
Saltando no ar, o filhote gira a cintura para encarar a presa, dobrando o corpo em U. Uma das patas fica no chão, para manter o equilíbrio. Ligamentos extremamente fortes nas articulações acrescentam um impulso extra à musculatura das coxas.

Uma das patas fica no chão para dar estabilidade

A cauda se abaixa quando as patas dianteiras se levantam

Pronto para agarrar
O filhote aproxima-se da presa e, com as patas traseiras no chão, salta a fim de pegá-la desprevenida. A manobra de caça usada com mais freqüência pelo gato é agarrar.

Os fortes músculos das pernas permitem que ele fique completamente de pé

Pulos horizontais
Com as patas prontas para apanhar a presa, o filhote pula para a frente, a fim de vencer a distância, mas pode espantar a vítima.

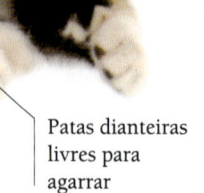

As orelhas ficam alertas quando ele toca o chão

Patas dianteiras livres para agarrar

As patas traseiras tocam o chão primeiro

Pulos planejados
Para alcançar um lugar desejado, o filhote usa as patas traseiras, dando meios-pulos. Ele toca no chão, se equilibrando com facilidade nas patas dianteiras.

A cauda balança como um pêndulo

> *Se tentasse pra valer, acho que poderia voar.*

Ombros flexíveis amortecem o choque

Patas dianteiras bem abertas se preparam para a queda

O cérebro recebe a informação de prepará-lo para tocar o chão

A cauda funciona como contrapeso quando o centro de gravidade passa para a frente

Aterrissagem forçada
Nem todo movimento é bem-sucedido, mas os aguçados reflexos do gato lhe dão a segurança de que vai tocar o chão em pé. As patas ficam bem abertas para amortecer o choque. Por não ter ligações ósseas entre os membros dianteiros e o corpo, ele toca o chão suavemente.

Pulo vertical
As quatro patas ficam no ar quando o filhote pula. Uma vez no ar, as garras aparecem, prontas para apanhar qualquer coisa. Mais tarde, esses saltos vão servir para pegar passarinhos e insetos voadores.

Primeiro as patas
Os gatos passam grande parte do tempo espreitando. Árvores, muros e telhados podem ser seus postos de observação. Em todas essas escaladas há o risco de queda, por isso desenvolveram, juntamente com a agilidade, um extraordinário senso de equilíbrio. Se ele cai, seu corpo faz uma rotação no ar, colocando-o de pé antes de chegar ao chão.

Garras prontas para apanhar a presa

O FILHOTE EM CRESCIMENTO

O desmame

MAIS CEDO OU MAIS TARDE, os filhotes se tornam um aborrecimento para as mães. Mas isso varia de ninhada para ninhada. Em geral, os gatinhos desmamam com sete semanas, porém algumas mães se irritam com os dentinhos pontiagudos muito antes disso. Outras permitem mamadas por mais alguns meses, independentemente do fluxo de leite.

Nos dois casos, a necessidade de independência por fim triunfa e todos os filhotes abandonam a segurança materna para enfrentar os perigos e as incertezas da vida adulta.

O começo da separação
(ACIMA) Este filhote de seis semanas não precisa mais do leite da mãe, mas vai ficar por perto mais algumas semanas.

A perna levantada permite que os filhotes mamem

O ombro saliente indica que suas reservas de energia estão exauridas

Desgarrar-se das saias da mãe
(ACIMA E ABAIXO) Com seis semanas, os filhotes desta ninhada ainda são glutões. A mãe está menos disposta a permanecer junto deles, pois fica fisicamente exaurida. Os dentes de leite, que são muito pontudos, também a incomodam.

O DESMAME

A satisfação de mamar
(ABAIXO) *Para esta mãe, cuja ninhada tem apenas dois filhotes, amamentar causa muito menos desgaste do que se tivesse uma ninhada maior. Com sete semanas, o leite praticamente já secou, mas o prazer de mamar prolonga esse período.*

Chamado para o café da manhã
Apesar de estarem em idade de desmamar, a mãe toma a iniciativa de lambê-los gentilmente, acordando-os para o café da manhã. Os cuidados maternos variam de mãe para mãe, mas a personalidade do filhote com certeza sofre a influência do comportamento dela.

> *Enquanto puder, vou continuar mamando.*

De cabeça baixa, o filhote se aninha para mamar

O FILHOTE EM CRESCIMENTO

Fazendo amigos

ENTRE DUAS E SETE SEMANAS, é importante que o gatinho seja estimulado mentalmente a fim de amadurecer e se tornar confiante e extrovertido. No início as atividades sociais do filhote se concentram na mãe, e gradualmente passam para os irmãos. Por volta de duas semanas, eles começam a brincar entre si, aprendendo a fazer amigos. Essas brincadeiras os introduzem delicadamente às preocupações da vida adulta.

Vamos brincar de adultos.

A barriga para cima indica relaxamento

Brincando de lutar
Estes filhotes de três semanas brincam de luta, fazendo investidas agressivas. Com quatro semanas eles lutarão, e com cinco irão precipitar-se um sobre o outro.

Dentro do cesto, o filhote se sente seguro

Amizade até certo ponto
Os filhotes gostam de brincar uns com os outros até a idade de 14 semanas. Na verdade, brincar os ajuda a ficar juntos quando a mãe está ausente. Eles praticam gestos agressivos para descobrir que demonstrações intimidam mais seus irmãos. Alguns aspectos da brincadeira, como morder a nuca, são ensaios de comportamentos sexuais; outros são treinos de caçada. Os filhotes rastejam e se agarram como se estivessem caçando uns aos outros.

FAZENDO AMIGOS

As orelhas achatadas indicam que a brincadeira é mais séria

Esta pata não está para brincadeiras

Brigas e lutas
Com três semanas e meia de idade, estes gatinhos rolam e lutam. A luta parece séria, mas neste estágio é só de brincadeira. Em geral, depois desse jogo de luta vêm abraços e lambidas.

A linguagem da briga
(À ESQUERDA) *Este filhote de seis semanas recua. Jogos que costumavam acabar bem agora terminam com sibilos e um olhar ameaçador.*

As orelhas esticadas mostram que ele está se divertindo

Jogos criativos
(À ESQUERDA) *Os filhotes estão relaxados, pois um deles se vira e mostra a barriga. A irmã brinca com sua cauda, aprendendo que deve reagir com rapidez para pegar objetos que se mexem.*

A pata tenta prender a cauda que se mexe

Ataque brincalhão
A mãe se dedica aos avanços brincalhões do filhote de seis semanas, enquanto um outro mama. Conforme eles crescem, ela fica mais intolerante com essas brincadeiras. Raramente os gatos adultos reagem com agressividade, mas podem dar patadas ou rosnar, se forem importunados repetidas vezes.

A cauda relaxada mostra que o filhote brinca

73

Fazendo contato

Nunca vi nada parecido com isso antes!

MUITAS BRINCADEIRAS podem parecer despropositadas, mas raramente a natureza é frívola. Tudo tem um significado. A diversão começa com três semanas, quando o filhote dá patadas em objetos móveis. Logo ele vai golpear, pegar e explorar qualquer coisa que desperte sua curiosidade. Se for apresentado a pessoas, ele vai querer brincar, e quando ficar mais velho vai se sentir feliz em fazer parte da família. As brincadeiras preparam o filhote para o mundo adulto.

Brincar com pessoas
Deve-se brincar com os filhotes pelo menos 40 minutos por dia, a fim de que se tornem gatos tranqüilos e sociáveis. Segurá-los com freqüência os torna menos medrosos e mais curiosos.

Como brincar de bola
(ABAIXO) *As bolas pequenas são os brinquedos preferidos, uma vez que correm. Com oito semanas, o filhote tem pleno controle do uso das patas e agarra a bola com firmeza. Como as crianças pequenas, ele não gosta de dividir o brinquedo com os irmãos.*

As garras se retraem para segurar firme a bola

FAZENDO CONTATO

Alvos móveis
Os gatinhos se concentram na bola para ver se ela se mexe. O filhote avermelhado a toca inquisitivamente. A bola rola e ele a observa com atenção, do mesmo modo que irá fazer mais tarde com suas presas. Aprender que a bola rola em silêncio é tão importante quanto aprender que quebrar um galho faz barulho.

Jogos com objetos

Ao brincar com diferentes objetos, como folhas ou bolinhas, os filhotes desenvolvem a percepção. Se querem caçar com sucesso, devem saber como as coisas se movem, reagem ou fazem barulho ao serem tocadas. O cérebro e as ligações entre as células cerebrais se desenvolvem mais em filhotes que brincam do que nos que são impedidos de brincar.

Ouvidos aguçados para filtrar os sons

O filhote olha fixamente a bola

Habilidades de caçador
O gato cinzento concentra a atenção na bola. Tamanha capacidade de ficar quieto indica que ele será um bom caçador. A atenção do filhote avermelhado passou da bola para alguma outra coisa.

O FILHOTE EM CRESCIMENTO

Competindo por posições

ASSIM QUE ABREM os olhos, os filhotes começam a competir entre si. No início, a rivalidade é brincalhona, mas as desajeitadas patadas anunciam disputas mais sérias por uma posição. Por fim, o filhote mais rápido, mais forte ou sociável será o dominante.

Sou o chefe.

Pêlo da cauda em pé

Sentar-se sobre as patas traseiras proporciona superioridade

O olhar fixo irrita o rival

1 Olhar superior
(À ESQUERDA) Todos os movimentos das brincadeiras são idênticos aos movimentos da caça ou das brigas. Este filhote encara o irmão, assim como fará mais tarde com a presa. Ele ficará imóvel como uma estátua, mascarando qualquer intenção, até que um obrigue o outro a se mexer.

2 Jogo de ataque
O filhote que está em pé ainda age como dominante, e, a julgar pelos pêlos eretos da cauda, está levando esse jogo mais a sério do que o irmão, que continua brincando. Sem medo, o filhote que está no chão rola e mostra a barriga. Neste caso, barriga para cima é um sinal típico de submissão.

COMPETINDO POR POSIÇÕES

Aproximação em círculos
(À DIREITA) Os filhotes se rodeiam, tentando se cheirar na região anal. Este é um ensaio clássico das disputas de território e de posição que ocorrerão mais tarde. Gatos que se conhecem se cheiram no focinho.

Cauda levantada significa confiança

O olhar desviado indica submissão

Surge uma hierarquia

No início, parece que a ninhada convive sem conflitos e com direitos iguais. Ao soar o sino para o jantar, todos os filhotes se reúnem em volta da mãe sem considerar qual deveria comer primeiro. A hierarquia numa ninhada de gatos não é tão evidente quanto numa ninhada de cachorros, mas existe. Num jogo, os gatinhos se revezam no papel de dominante espontaneamente, mas logo percebem que podem dominar os outros, ou, ao contrário, aprendem que a submissão é uma maneira prática de reagir a um irmão que está levando a brincadeira mais a sério.

3 Rota de fuga
De repente, o filhote percebe que o irmão está levando a brincadeira a sério. O jogo se transformou numa disputa hierárquica, e ele, com as orelhas voltadas para trás, bate em retirada. Embora o outro filhote esteja deitado, as orelhas indicam que venceu.

Orelhas viradas para a frente mostram que ele está brincando

Orelhas para trás são sinal de medo

77

O caçador

ALGUNS ESTUDIOSOS do comportamento animal acreditam que brincadeiras e caçadas são manifestações do mesmo instinto. Isso não explica por que o gato caça o alimento e continua brincando como um filhote. As atitudes de caçador se manifestam quando o filhote está com cinco semanas. Nessa idade, eles fazem três tipos de manobras de caça – "agarrar o rato", "dar patada em passarinho" e "pescar" –, e pouco tempo depois de aprenderem entram em ação, no solo e no ar. A maior parte dos filhotes se tornam excelentes caçadores de camundongos, porém poucos se transformam em caçadores de pássaros, pois a maioria dos jardins não proporciona boas camuflagens.

Rastejar
(ACIMA) Movendo-se furtivamente na direção da presa, este caçador de nove semanas já domina a técnica de rastejar bem devagar para a frente. Com apenas três semanas, os filhotes começam a rastejar na direção uns dos outros, e pouco tempo depois já se aproximam de objetos dessa maneira.

A cauda se contrai

A espinha flexível permite fazer movimentos inesperados

> *Você não me escapa!*

Como pegar ratos
(À DIREITA) O pulo lateral com as pernas esticadas é uma das manobras preferidas dos filhotes de nove semanas, aqui praticada com um botão. Ele se lança sobre a vítima, ao invés de saltar. Mais tarde, ele vai usar essa manobra para pegar roedores.

Pés apoiados firmemente

Pescaria
(À ESQUERDA) Praticando com um pintinho de brinquedo, este filhote aprende a dar o piparote que pode ser usado para tirar um peixe da água. Com as garras prontas, ergue a pata até o ombro. Não é preciso que sua mãe o ensine: esse gesto é instintivo.

O CAÇADOR

A caça aos pássaros
Com seis semanas, este filhote ainda é muito novo para caçar um passarinho adequadamente, mas, com as unhas prontas para agarrar, ele ergue a pata a fim de alcançar o inesperado movimento no ar. Mais velho, ele será capaz de saltar no ar para alcançar moscas, mosquitos e passarinhos que chamarem sua atenção.

Unhas expostas e prontas

As unhas se engancham em qualquer objeto que se mova

Olhos concentrados no brinquedo

Equilíbrio para caçar
Com seis semanas, este filhote já se equilibra o suficiente para deixar as patas dianteiras livres a fim de golpear objetos no ar; no entanto, ainda não tem coordenação muscular para saltar. A cauda esticada ajuda a dar estabilidade.

A cauda é usada para se equilibrar

Cauda erguida em sinal de excitação

Voltando da caçada
Depois de capturada, a presa deve ser carregada. O filhote traz o pintinho de brinquedo para o seu refúgio, assim como sua mãe traz camundongos para a ninhada.

A boca segura firmemente a presa

Vencendo barreiras

A PARTIR DE DUAS SEMANAS, o filhote pode começar a se relacionar com presas (roedores), predadores (cachorro) ou competidores (raposa), contanto que possa brincar, roçando flanco e focinho no estranho sem se assustar, não importa que posição o animal ocupe na hierarquia felina. Essas amizades podem durar a vida toda, mas o período em que se estabelecem é curto, durando no máximo cinco semanas.

Amizade com o inimigo
(À ESQUERDA) Sem medo, o filhote sobe no cachorro em busca de aconchego e segurança. Cães adultos ou filhotes com menos de 12 semanas são ideais para esses primeiros encontros sociais.

Descobrindo as diferenças
(ABAIXO) O gatinho desfruta de uma amizade tranqüila com a raposinha. Até sete semanas de idade, ele pensa que as outras espécies são simplesmente gatos adultos, diferentes no cheiro e no aspecto, ou filhotes como ele.

Ele fareja com curiosidade

Patas traseiras livres para chutar

Período crítico

O medo constante que o gato tem de outras espécies, como a raposa e o cachorro, e o instinto predador em relação a espécies menores, como o camundongo e o rato, não se desenvolvem antes de sete semanas de idade. Estudos demonstram que gatos de seis semanas criados com ratos recusam-se constantemente a caçar tal espécie mais tarde. Mas, se o encontro é adiado para mais tarde, o relacionamento passa a ser de caça e caçador.

VENCENDO BARREIRAS

Medo do desconhecido
Com medo, porém de modo inquisitivo, o gatinho eriça um pouco os pêlos e arqueia as costas ao examinar o esquilo. A curiosidade em relação a espécies pequenas, que têm o tamanho de presas, é grande.

O jogo da hierarquia
(ABAIXO) O gatinho e o filhote de raposa brincam de dominação e submissão, da mesma maneira que os filhotes de uma ninhada. Aqui, o gatinho simula agressão, rolando e mostrando os dentes e as garras.

Olá, amigo! Vamos brincar?

Ataque simulado
(ABAIXO) De brincadeira, o filhote ataca o esquilo, mas sem mordê-lo. É pouco provável que ele venha a matar esquilos quando ficar mais velho. Este esquilo não está assustado, pois foi criado com gatos.

As mandíbulas fortes serão usadas quando preciso

As pupilas ficam contraídas, pois o filhote não está assustado

Orelhas para trás em sinal de zanga

81

O FILHOTE EM CRESCIMENTO

Aprendendo a sobreviver

OS FILHOTES APRENDEM com a mãe a caçar e a matar a presa. É uma habilidade fundamental para animais selvagens, e a gata doméstica vai ensinar os filhotes a procurar alimento e a caçar, apesar de você colocar comida em seus pratos com regularidade. Inicialmente, os filhotes devem aprender a identificar vítimas em potencial, portanto a mãe traz presas mortas. Depois, eles devem aprender a matar; para isso ela traz presas vivas.

No começo, os filhotes ficam apreensivos e com medo, mas logo ganham coragem suficiente para perseguir e capturar presas escolhidas, derrubando-as antes de matá-las. Filhotes criados por mães que são boas caçadoras têm maior probabilidade de ser bons caçadores também, pois como boa professora ela transmite suas habilidades específicas. Todavia, eles podem ser caçadores competentes mesmo sem o treinamento materno.

Trazendo presas
(ACIMA) Esta gata acabou de matar um camundongo para que seus filhotes brinquem com ele. A posição rígida e as pupilas dilatadas demonstram sua excitação. Ela "fala" aos filhotes sobre a presa. Eles aprendem a interpretar os sons que indicam se ela está trazendo um pequeno camundongo ou, o que é mais perigoso, um rato disposto a lutar obstinadamente.

Ele toca o camundongo com cautela

Fareja a presa para identificá-la

Exame cuidadoso
Sob o olhar atento da mãe, os filhotes avaliam o camundongo morto trazido por ela. Ao imitar o comportamento materno, eles aprendem a usar todos os sentidos para examinar o roedor meticulosamente. O cheiro dele ficará na memória para o resto da vida.

APRENDENDO A SOBREVIVER

> *Minha mãe vai me ensinar tudo o que preciso saber.*

As patas chutam de brincadeira

Preparando-se para comer
(À DIREITA) Enquanto a mãe limpa um dos filhotes para distraí-lo, o outro se concentra no camundongo, segurando-o entre as patas dianteiras e chutando-o com as traseiras.

Orelhas para a frente em posição de alerta

Olhos curiosos

Exigências
Este gato doméstico ergue-se nas patas traseiras implorando por comida. Vendo e ouvindo a mãe, o filhote aprende a solicitar alimento. A domesticação fez o gato selvagem passar de caçador independente a pedinte.

Brincando com a presa
Pouca familiaridade com a presa estimula o filhote a brincar com sua fonte de informação ao invés de simplesmente matá-la e devorá-la. A crença de que um gato faminto mata mais camundongos é incorreta, pois a fome motiva apenas os caçadores mais experientes.

Patas prontas para bater de leve

Boca aberta imitando um miado suplicante

Golpe para agarrar camundongos

Patas traseiras bem apoiadas para dar equilíbrio

83

O FILHOTE EM CRESCIMENTO

A independência

N O MUNDO SELVAGEM, sem contato com seres humanos, os filhotes crescem e se tornam caçadores solitários. Não há incentivo para que continuem as atividades infantis em grupo. A independência é muitas vezes reivindicada de forma dramática, quando as simulações de agressividade dos primeiros jogos determinam a ordem hierárquica na ninhada. Quando completam 14 semanas, as brigas ficam mais sérias, embora eles raramente sofram ferimentos permanentes. Os laços da infância se rompem e a ninhada se dispersa. O seu gato continua a aceitar a sua proximidade porque ele o vê como um substituto da mãe.

Você é um rival. Vá embora!

Orelhas esticadas e alertas

Cauda erguida em sinal de excitação

Patas dianteiras esticadas e prontas para a luta

Garras à mostra para o ataque

1 Brincar de luta
Com cerca de nove semanas, em plena mobilidade, os filhotes começam a ensaiar demonstrações de agressividade. Com as garras à mostra, o filhote dominante se ergue, pronto para atacar. Seu irmão está deitado, ainda pensando que o ataque é de brincadeira. Mas ele é de verdade, e o jogo pode degenerar numa briga feia.

Patas traseiras firmes no chão

A INDEPENDÊNCIA

A mordida visa o pescoço

A cauda é usada para equilibrar-se

Briga por território

As brigas por independência são um treino decisivo para as lutas em que o gato maduro se envolve, seja por território, seja para se acasalar com uma fêmea receptiva. São também um treino para as fêmeas, que mais tarde deverão proteger sua ninhada ou seu território. Nesse estágio, elas começam a amadurecer sexualmente, tolerando muito menos o contato físico de seus irmãos.

2 Mordida no pescoço
(ACIMA) O filhote submisso dá-se conta de repente de que seu oponente não está brincando. Ele sai da prostração com um salto e inicia um contra-ataque, tentando enfiar os dentes no pescoço do irmão.

Orelhas voltadas para a frente em sinal de confiança

3 Pausa na hostilidade
(À DIREITA) Com nove semanas, os filhotes podem fazer uma pausa e relaxar durante uma briga. O gatinho que lutava adota uma atitude menos agressiva, enquanto seu irmão o examina minuciosamente, antecipando mais atividade.

A cauda para cima indica que a rixa não é séria

4 Retomada da agressão
(À DIREITA) O filhote inicialmente dominante faz um ataque aéreo sobre o irmão, que se vira a fim de se defender com unhas e dentes.

Orelhas para trás mostram agressividade

Orelhas abaixadas para se proteger

85

O GATO ADULTO

Sabemos que os gatos podem enxergar onde há apenas um sexto da luz que necessitamos para isso, mas não temos certeza se enxergam da mesma maneira que nós. Sabemos que sua extensão auditiva é muito maior do que a nossa, mas não sabemos de fato como soam os sons agudos, inaudíveis para nós. Sabemos que eles têm papilas gustativas especiais para a água, mas o que realmente elas sentem?

Muitos dos sentidos dos felinos são compreendidos por nós, embora eles os usem de uma forma diferente. Cheiros, por exemplo, são importantes na alimentação, mas também no acasalamento, na caçada, para marcar o território e mesmo nos hábitos de higiene. Lamber os pêlos é importante para sua higiene, mas também diminui o calor e alivia tensões.

Alimentação variada
Muitos gatos gostam de alimentos secos e crocantes, preferindo muitas vezes a ração em vez das presas naturais.

Visão aguçada
Como as pupilas se contraem diante da luz brilhante, o gato consegue olhar diretamente para o sol.

Higiene mútua
O gato amarelo lambe gentilmente seu companheiro, imitando a limpeza que a mãe faz nos filhotes.

Tirando uma soneca
Este gato parece estar cochilando, mas na verdade está alerta a qualquer visão ou som incomum à sua volta.

A capacidade do gato de se equilibrar está entre as mais desenvolvidas de todos os mamíferos. Eles sobem a lugares altos sem esforço, andam em cordas esticadas como se fossem uma calçada, e se caírem têm a habilidade de se endireitar durante a queda e pousar em pé.

Os gatos são os maiores dorminhocos do mundo. Sabemos que o sono deles é parecido com o nosso e que, provavelmente, também sonham. No entanto, seu comportamento no cio e no acasalamento é muito diferente: muitos miados, gritos agudos das fêmeas, e a espera paciente dos machos esperançosos. Já na velhice, eles experimentam as mesmas mudanças de comportamento a que somos submetidos. As mensagens levam mais tempo para chegar ao cérebro. Os gatos mais velhos, que foram bons companheiros a vida toda, merecem e têm o direito de receber compreensão.

Higiene cotidiana
Com saliva na pata, ele limpa o focinho de maneira ritualística.

Lambendo tudo
Ao contrário dos cachorros, os gatos são muito educados à mesa. Estes filhotes vão beber todo o leite sem derramar uma gota.

O GATO ADULTO

Hábitos alimentares

O̲S GATOS SÃO CAÇADORES oportunistas. Na vida livre, sobrevivem comendo sempre que encontram ou caçam alimento. Entretanto, seus hábitos alimentares em casa são diferentes. Em geral, o gato doméstico faz entre dez e vinte pequenas refeições por dia, alimentando-se durante todo o dia e toda a noite. Além disso, tem uma dieta mais variada que os gatos independentes, pois, embora a ração não constitua parte natural da dieta de um caçador, muitos gatos domésticos preferem comida pronta e crocante.

Não se preocupe, só vou comer o necessário.

Os filhotes comem juntos, quando não sentem rivalidade

A mãe divide a comida em pedaços

Ajuda na digestão
(ABAIXO) Sentado para comer, este gato se arqueia e encolhe as patas confortavelmente. A cauda está enrolada ao lado do corpo para não ser pisada, e ele se concentra na comida.

Sossego para comer
(ACIMA) A fim de não competir com os filhotes, a mãe se alimenta separadamente, tirando sua comida do prato. Quando recebe um bocado grande, ela o corta em pedaços menores, que devora sozinha.

O pescoço esticado endireita o esôfago e facilita o ato de engolir

A língua empurra a comida para dentro da boca

88

HÁBITOS ALIMENTARES

A ração
Ao receber ração pela primeira vez, este filhote fica apreensivo e examina a comida.

Dentes cortantes
Usando seus afiadíssimos molares, ou carniceiros, o gato parte a comida em pedaços pequenos antes de engolir. Os pequenos dentes incisivos frontais são úteis para extrair os resíduos miúdos de carne ou peixe.

A cabeça se inclina para deixar a comida indesejada cair

Ração em forma de estrela é a preferida

Os grandes caninos seguram e rasgam

Os molares cortam a comida

O gato e o leite
Com a língua ágil, os filhotes dão quatro ou cinco lambidas antes de cada gole. São meticulosos e nunca derramam uma só gota.

A língua em forma de colher leva o leite à boca com eficiência

O GATO ADULTO

Cheiros e gostos

SEU GATO TEM DUAS VEZES mais receptores de cheiros que você. Ele fareja para obter informações sobre os alimentos, a presença de outros gatos e os perigos em potencial. Pelo cheiro pode perceber se um macho está em seu território ou se uma fêmea está no cio. É o cheiro que o atrai para a comida e não o gosto, e ele jamais comerá qualquer coisa sem antes cheirá-la. Suas papilas gustativas são sensíveis, capazes de distinguir o gosto salgado, amargo ou ácido, mas ele não tem papilas que reajam ao doce. Gatos que adoram chocolate foram treinados para isso, ou são o resultado de nossas intervenções nas raças.

O afrodisíaco dos felinos
Ao cheirar a erva-de-gato, ele se sente estimulado, pois ela ativa suas reações bioquímicas. A fragrância chega ao órgão vômero-nasal, e o gato reage rolando no chão e demonstrando prazer. Essa agitação é semelhante à excitação anterior e posterior ao acasalamento. Apenas metade dos gatos adultos vai cheirar, lamber ou mastigar essa erva.

Cuidado na alimentação
Os gatos são muito mais exigentes para se alimentar do que os cachorros. Carnívoros absolutos, não têm vontade de compartilhar nossa dieta e em geral recusam docinhos. A comida os atrai pelo cheiro, particularmente o da gordura da carne. A carne de rato, seu alimento natural, tem 40% de gordura.

Se aceitar o cheiro, o gato prova o alimento. Seu paladar sensível prefere alimentos com alto nível de nitrogênio e enxofre, que se encontram nos aminoácidos que compõem a carne. A memória olfativa é preservada pelo resto da vida. Juntamente com o olfato e o paladar, a memória olfativa é uma autoproteção, que assegura ao animal uma alimentação saudável.

Ferramenta versátil
A língua do gato é comprida, musculosa e flexível. A textura de lixa é usada na limpeza. As papilas gustativas se localizam na ponta, nas laterais e na parte de trás da língua, e apresentam receptores sensíveis ao gosto da água.

Papilas salientes voltadas para trás são usadas para limpar o pêlo e para retirar a carne de ossos

CHEIROS E GOSTOS

Ao cheirar, o ar chega até o órgão vômero-nasal

Memória olfativa
Farejando com fungadas curtas, este gato sente o cheiro do capim. O ar chega ao órgão vômero-nasal, uma cavidade especial no céu da boca. Usada principalmente pelos machos para sentir o odor da fêmea no cio, nessa cavidade existem inúmeras células que percebem os odores. Eles são convertidos em sinais elétricos e transferidos ao cérebro, que cria uma memória olfativa.

Investigação pelo cheiro
Atraído inicialmente pelo movimento do sapo, o gato o investiga pelo olfato. A maioria dos gatos gosta de caçar anfíbios, oferecendo-os com freqüência de presente a seus donos. Só comem sapos e girinos quando não têm nenhum outro alimento.

> *Se cheira bem, deve ser gostoso também.*

Farejar é uma ruptura na respiração regular

Conseqüência desagradável
Um gosto ruim, como o da secreção da pele do sapo, faz o gato salivar muito para eliminá-lo o mais rápido possível.

O GATO ADULTO

Como se equilibrar

Não posso errar um passo!

A HABILIDADE DO GATO de cair em pé, em perfeito equilíbrio, está diretamente relacionada à sua audição apurada. No fundo da sua orelha se localiza o aparelho vestibular, cheio de fluidos, pequeninos cristais oscilantes e milhões de pêlos sensíveis, que orientam o gato instantaneamente para que ele endireite o corpo. Esse senso de equilíbrio inato do gato se relaciona à sua audição aguçada – mais precisa que a canina ou a humana. Ele consegue ouvir tonalidades muito diferentes, por isso é capaz de distinguir entre o som do seu carro e o de um carro idêntico na marca e no modelo.

A cabeça gira primeiro

A coluna vertebral flexível permite uma rotação de 180º

1 Orientação
Ao cair de certa altura, este gato começa a se orientar. As primeiras mensagens enviadas pelo aparelho vestibular fazem a cabeça girar.

As orelhas se mexem separadamente

Os olhos se fixam na origem do som

Como captar sons
Em geral, as presas naturais estão escondidas na grama. Mexendo as orelhas, o gato consegue localizar a origem do barulho com precisão, de modo a saber exatamente onde saltar. Mais de 20 músculos em cada orelha dão a ele excelente controle sobre os movimentos.

2 Torção do corpo
Depois que cabeça e orelhas giraram para a direção certa, o gato avalia sua posição. Torcendo a cintura, ele faz a parte da frente do corpo girar, preparando-se para tocar o chão, mesmo que a traseira ainda esteja voltada para cima.

Os músculos das patas traseiras começam a reagir à instrução de girar

COMO SE EQUILIBRAR

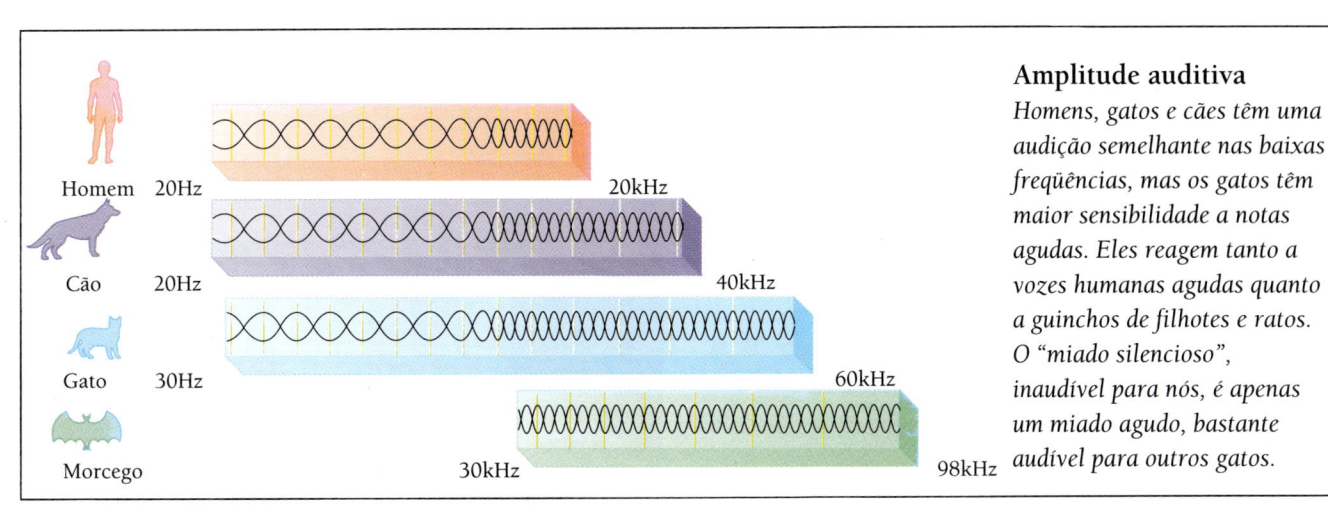

Amplitude auditiva
Homens, gatos e cães têm uma audição semelhante nas baixas freqüências, mas os gatos têm maior sensibilidade a notas agudas. Eles reagem tanto a vozes humanas agudas quanto a guinchos de filhotes e ratos. O "miado silencioso", inaudível para nós, é apenas um miado agudo, bastante audível para outros gatos.

Homem 20Hz — 20kHz
Cão 20Hz — 40kHz
Gato 30Hz — 60kHz
Morcego 30kHz — 98kHz

Uma audição magnífica
A amplitude de audição do gato cobre dez oitavas; ele pode distinguir entre duas notas que diferem uma da outra apenas um décimo de tom. Os gatos conseguem avaliar com 75% de precisão a origem de um som que esteja a 1 m de distância, e podem ouvir sons agudos inaudíveis para nós.

Com um ouvido surdo
Este gato branco, de olhos azuis, sofre de surdez de origem genética. Ele não vira a cabeça nem mexe as orelhas para localizar um som. Gatos brancos com um olho azul e outro castanho muitas vezes são surdos apenas do lado do olho azul.

3 Queda suave
Ao se aproximar do chão, as pernas dianteiras se esticam. Sem ligações ósseas com o resto do corpo, elas amortecem a queda e previnem ferimentos. O corpo continua se virando à medida que as mensagens de orientação são enviadas à parte traseira.

4 Primeiro, as patas
Pronto para tocar o chão com as patas dianteiras, todos os seus músculos estão relaxados, pois músculos enrijecidos têm maior probabilidade de se machucar.

As patas da frente se esticam para tocar o chão primeiro

As patas da frente agem como amortecedores

O GATO ADULTO

Através dos olhos do gato

UMA DAS CARACTERÍSTICAS mais nítidas e hipnotizantes dos felinos são os olhos. Próprios para animais caçadores, eles foram feitos para recolher o máximo de luz. A córnea é curva e o cristalino é bem grande em comparação a outras dimensões do olho. Sob luz fraca, ou quando o gato está excitado ou assustado, suas pupilas se dilatam; sob luz forte, elas se fecham completamente, permitindo que a luz entre através de duas fendas, uma inferior e outra superior.

> *Tenho olhos de caçador.*

Visão no escuro
(ABAIXO) *Numa luz limitada, as pupilas deste gato se dilatam, ficando quase esféricas e permitindo que o olho receba o máximo de luz possível. Ao contrário da crença popular, os gatos não enxergam melhor do que nós na escuridão, mas seus olhos conseguem enxergar em condições de pouquíssima luz. Assim, ele pode caçar de madrugada e ao escurecer.*

As pupilas se dilatam para ficar esféricas

Proteção para a luz ofuscante
(ACIMA) *Com as pupilas do tamanho de alfinetes, este gato pode olhar fixamente para o sol sem ferir a retina. Os músculos da íris agem como óculos de sol, permitindo que a pupila mude de forma de acordo com a luz existente. Quase redonda no escuro, ela fica oval à luz do dia. Sob luz intensa, a abertura se fecha no meio, deixando duas pequeninas fendas em cada ponta.*

Olhos resplandecentes
(ABAIXO) *Quando a luz é refletida pelas células localizadas atrás da retina, que se assemelham a um espelho, os olhos do gato brilham num tom verde ou dourado. Ao refletir a luz, essas células melhoram a sua visão noturna.*

94

ATRAVÉS DOS OLHOS DO GATO

VISÃO DO GATO — Os gatos focalizam o centro da figura / A borda da figura está embaçada

VISÃO HUMANA — Toda a figura está definida / Os seres humanos vêem o vermelho

O que o gato vê
Os gatos enxergam as cores verde e azul, mas não a vermelha. Esse não é um defeito significativo, já que o olfato e o paladar, e não a visão, vão distinguir a presa. Os gatos focalizam o centro da figura, as bordas ficam um tanto enevoadas. As imagens acima demonstram as diferenças entre o que vemos (ACIMA, À DIREITA) e o que o gato vê (ACIMA, À ESQUERDA). Ele consegue focalizar com clareza objetos em movimento rápido porque, ao contrário de cachorros e pessoas, sua cabeça permanece nivelada enquanto saltita.

Dilatação dramática
Ao ser desencadeada a reação de ataque ou fuga, a pupila do gato se dilata, criando um campo de visão mais amplo, que faz com que ele enxergue melhor qualquer tipo de perigo.

Visão binocular
Quando dois campos de visão se sobrepõem, há um efeito de binóculo. A visão tridimensional é vital para animais caçadores avaliarem distâncias com precisão.

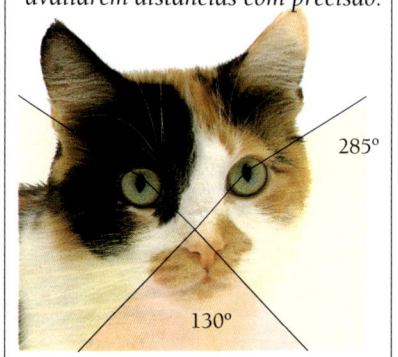

285° / 130°

Visão do gato
Quando o gato olha de frente, 130 de um total de 285 graus do seu campo de visão são binoculares.

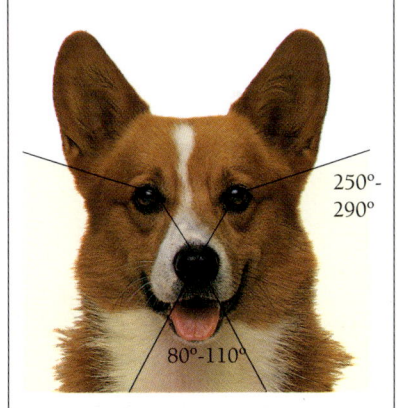

250°-290° / 80°-110°

Visão do cão
Olhos laterais, com até 110 graus de sobreposição binocular.

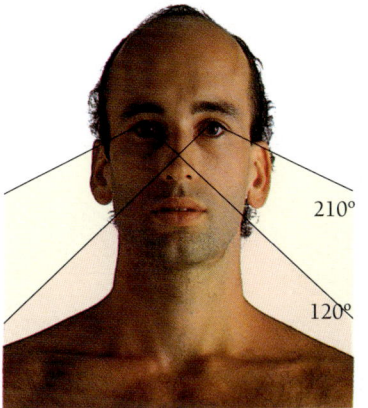

210° / 120°

Visão humana
Apesar de um campo de visão menor, nossa visão binocular é boa.

O GATO ADULTO

O tato

O GATO USA O TEMPO TODO o tato para recolher informações sobre o meio ambiente. Seus receptores de tato mais apurados, que se localizam nos bigodes, o ajudam a se movimentar com segurança. Pelas informações passadas pelo bigode, ele consegue determinar, por exemplo, se pode ou não atravessar um buraco estreito. Os outros receptores do corpo são sensíveis a pressões e texturas, identificando tanto a sensação de ser acariciado como o tipo de superfície sob suas patas. Por todo o corpo, o gato possui receptores que detectam o calor e o frio. Sua preferência por lugares quentes pode ter se originado dos ancestrais, provenientes da África do Norte.

> *Vamos esfregar os focinhos!*

Em busca de calor
Gatos adoram calor e são capazes de suportar temperaturas muito mais altas do que nós. Sentimo-nos desconfortáveis se a temperatura de nossa pele passa de 44º C, mas o gato não se sentirá incomodado antes que a temperatura da sua pele atinja 52º C!

O focinho localiza
(À DIREITA) *Os receptores do tato localizados no focinho auxiliam o filhote a encontrar a mãe.*

Percepção de correntes de ar
Os pêlos especiais acima dos olhos, nos cotovelos e no focinho estão ligados a um grupo de terminações nervosas. À medida que essas "antenas" roçam em objetos, são enviadas mensagens ao cérebro. Até mesmo correntes de ar são percebidas; de noite, ele usa esses pêlos diferenciados para ajudá-lo a encontrar um caminho seguro. Sem essas "antenas", pode tropeçar em objetos ao se movimentar na escuridão, mas esse problema não dura muito, pois novos pêlos crescerão.

O TATO

A importância do tato

Em se tratando de usar o tato para investigar o ambiente, o gato tem o sentido mais apurado que qualquer outro animal doméstico. Esse pode ser o sentido mais importante para o desenvolvimento social. No entanto, assim como o tato é essencial para o aprendizado, ser tocado é ainda mais vital para um crescimento emocional saudável. Gatos sem contato físico na infância tornam-se medrosos e ariscos, permanecem imóveis, ou compensam essa falta com excesso de cuidados com o pêlo.

O cálculo do espaço

Pelos bigodes do focinho, este gato consegue calcular se pode ou não se espremer através do buraco da cerca. Assim que sua cabeça passa, ele dirige os bigodes para sentirem a superfície abaixo deles.

Bigodes voltados para baixo detectam a superfície

Os receptores no focinho ajudam a conhecer o outro

Colo confortável

(ABAIXO) *Este filhote aproveita a segurança do colo da menina. Quando ficar mais velho, não vai mais deixar que ela faça cócegas em sua barriga, pois se sentirá muito exposto.*

Gato relaxado, de barriga para cima

Cuidados com o pêlo

OS CUIDADOS COM O PÊLO não são apenas uma questão de higiene pessoal, são um ato reflexo. Da mesma forma que você coça a cabeça ao pensar, o gato pode se sentir impelido a cuidar do pêlo. Em geral, ele faz isso quando está tranqüilo, mas também pode alisar o pêlo se estiver assustado. Esses cuidados mantêm a pelagem intacta, e, à medida que a saliva se evapora, ajudam a regular a temperatura do corpo.

Limpeza completa
Como uma contorcionista, esta gata estica bem a perna e se vira para se limpar. Enquanto arranca pêlos emaranhados ou sujos, ela estimula as glândulas anais e perianais que produzem os odores.

Com a língua ela penteia o pêlo

No dia-a-dia
(À DIREITA) *A rotina da gata para lavar a cara é sempre a mesma: ela põe saliva na pata da frente e, em movimentos circulares, esfrega-a nas laterais da cabeça.*

Higiene da cabeça aos pés
Com sua coluna flexível, a gata limpa quase todas as partes do corpo com a língua. Virando a cabeça 180°, ela mordisca sujeiras e pedacinhos de pele morta das costas. A ordem da limpeza corporal é aleatória.

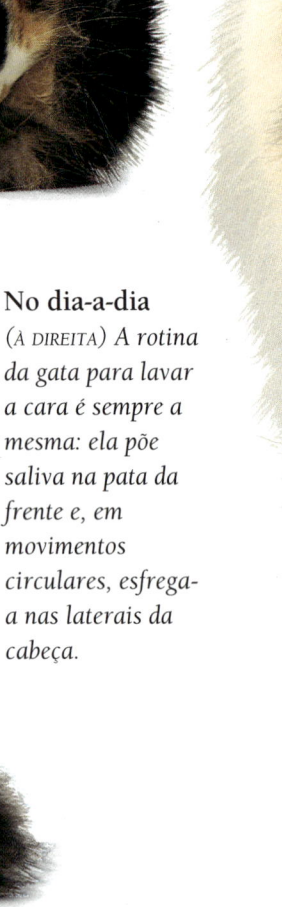

CUIDADOS COM O PÊLO

Mais que um banho de gato

O gato é um animal naturalmente limpo. Instintivamente escolhe um local como banheiro, e com a mesma exigência cuida do pêlo. As lambidas estimulam as glândulas da pele a produzir uma camada de óleo à prova de água. Os ganchinhos da língua removem os pêlos soltos, quebrados e emaranhados, e ele usa os pequenos dentes da frente para roer outras sujeirinhas. Os gatos de pêlo longo precisam de uma ajuda extra. Sua linda pelagem embaraça com facilidade, e muitos nós se formam.

Cuidados mútuos

Este filhote lambe a mãe atrás das orelhas, oferecendo uma solução prática para um problema anatômico. Com os olhos bem fechados, ela fica completamente relaxada enquanto é lambida. Esses cuidados partilhados estreitam os laços entre a mãe e a prole.

> *Sinto-me bem limpo.*

Ela abaixa a cabeça para alcançar atrás das orelhas

Com a pata esfrega os olhos

Toques finais

Usando a saliva para uma enxaguada final, ela passa a pata pelos olhos e completa a limpeza. Quando o gato se limpa depois que você o segurou, pode ser que esteja sentindo o seu cheiro, ou, o que é mais provável, esteja apenas mascarando seu cheiro com o dele.

Limpeza atrás das orelhas

Para completar o ciclo, ela passa a pata pela orelha. O gato gosta de ser acariciado na cabeça porque não consegue alcançá-la com a língua.

A cauda enrolada não pode ser machucada

O GATO ADULTO

A soneca do gato

O GATO PASSA CERCA DE 16 horas por dia dormindo, o que é duas vezes mais que a maioria dos mamíferos. Ainda não se sabe exatamente por que eles ficam tanto tempo cochilando. Parecem preferir tirar sonecas durante o dia – em geral ficam ativos de manhã cedo e no fim da tarde, quando as caçadas são mais produtivas. Ao acordar, têm o hábito de seguir um ritual que inclui bocejar, se espreguiçar e se lamber.

Como é gostoso dormir...

A coluna flexível se estica por completo

Bocejos
Acordando devagar, este gato dá um grande bocejo para esticar a musculatura da mandíbula. Embora bocejos sejam sinal de nervosismo em outras espécies, este não parece ser o caso dos gatos.

O bocejo é completo: até a língua participa

As patas dianteiras se estendem para a frente

As garras também se estendem

Ao arquear as costas, a cauda se levanta

Espreguiçar
Depois de arquear o corpo, ele se estica para a frente, estendendo os músculos das pernas dianteiras, garras e pescoço. A circulação nas extremidades é reanimada e o sentido do tato reestimulado.

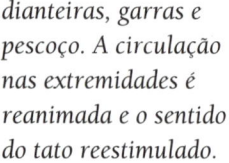

Flexionar as costas
Depois de acordar devagar, o gato junta as patas e estica as pernas dianteiras. Este belo arco que ele faz com as costas exercita os músculos, pois o gato tem de manter o corpo em forma e com a energia necessária a um caçador.

Uma soneca confortável
Estes filhotes tiram uma soneca juntos, sentindo o calor um do outro e a segurança da cesta. À medida que ficarem mais velhos e se distanciarem, vão preferir dormir sozinhos, mas continuarão escolhendo lugares aconchegantes e seguros, como armários ou a sua cama.

A SONECA DO GATO

Coçadinha matinal
Ao final do ritual de espreguiçamento, o filhote se limpa, assim como nós lavamos o rosto.

Ritmos do sono

Dormir não é um estado passivo. Quando o gato fica sonolento, entra num estágio de sono leve do qual é facilmente despertado. Entre 10 e 30 minutos depois, seu corpo fica todo mole, ele muda de posição e entra num período de sono profundo.

Nessa fase do sono, o gato pode esticar as patas e torcer os bigodes. É quase certo que sonhe, pois, pela quantidade de estímulos cerebrais que recebe, sua mente deve estar tão ativa como se estivesse acordado. Depois de cerca de 7 minutos de sono profundo, ele volta ao sono leve. O ciclo então se repete.

Alegre relaxamento
(À DIREITA) *Este gato não tem medo de pessoas porque foi criado entre elas. Ele dorme feliz no colo da menina. Para ele, a criança substitui a mãe, por isso gosta desse contato físico tão próximo.*

Os olhos fechados mostram que ele não tem medo

101

O GATO ADULTO

A escolha do parceiro

EMBORA OS ACASALAMENTOS arranjados sejam agora a regra para quase todas as raças puras, na natureza a escolha do parceiro é prerrogativa da fêmea. Os gatos podem se envolver em lutas sangrentas pelo direito de copular com uma fêmea no cio, mas ela pode escolher o perdedor para ser pai de seus filhotes.

Normalmente, as fêmeas passam por vários períodos de dez dias de receptividade sexual durante o ano, em geral causados pela luminosidade. Gatos que vivem dentro de casa, sob luz artificial, podem ficar sexualmente ativos em qualquer período do ano. Nessa fase, as fêmeas sofrem mudanças de personalidade, tornando-se afetivas e lascivas.

1 Sinal de interesse sexual
Ao rolar de modo provocativo, esta fêmea indica a sua disponibilidade; ela também mexe as patas, num chamado. Até a fêmea mais arisca dá esses sinais atrevidos. Quem tem gato pela primeira vez pode pensar que o animal está doente.

Estou disponível.

Ele se aproxima, evitando encará-la

Ela fica de olho nele, caso ele se aproxime muito depressa

O corpo está relaxado, mas ainda não é receptivo à cópula

2 Tentativa de aproximação
Enquanto o macho se aproxima, cauteloso, evitando encará-la e emitindo um delicado som agudo, a fêmea continua a rolar e a chamá-lo com insistência. Ele esfrega a cabeça nos lugares em que ela rolou, tomando o cuidado de não se aproximar muito depressa, para que ela não lhe dê uma patada ou fuja.

3 Tensão aliviada
(ACIMA) Mais seguro, o macho começa a acariciá-la atrás das orelhas para tranquilizá-la, de modo que ela reaja com menos agressividade aos seus avanços. Embora ela pareça passiva, a iniciativa do acasalamento é toda sua, e ela pode retirar o convite quando quiser.

Os machos experientes são dignos e calmos

A cauda fica para o lado

As patas de trás erguem o traseiro

4 O despertar sexual
(ACIMA) *Seduzida pelas carícias, ela se vira e estica-se, ergue o traseiro e põe a cauda para o lado, convidando-o para se acasalar. Ela encolhe as patas dianteiras para manter a posição. Se não se sente completamente à vontade com o macho, ou se ele a toca sem autorização, ela lhe dá uma patada.*

A expressão calma indica que ele pode tentar o acasalamento

5 A confirmação da receptividade
Ao farejar o traseiro da fêmea, os odores do corrimento vaginal e da urina confirmam para o macho que ela está totalmente receptiva. A preparação para o acasalamento é demorada, mas a cópula em si é curta.

As orelhas perfiladas mostram apreensão

103

O acasalamento

OS GATOS NÃO formam "casais". Ao término da cópula, a fêmea não tem mais nenhuma relação com o macho. Ela não é monogâmica por natureza; se houver outros machos disponíveis, pode se acasalar com todos eles. Ao contrário de outros animais domésticos, os gatos têm a ovulação induzida, ou seja, a cópula estimula as mudanças hormonais que disparam a liberação dos óvulos. Portanto, quanto mais freqüentes forem os acasalamentos, maior a probabilidade de os óvulos serem fertilizados.

A boca aberta está pronta para agarrar

6 Na posição
Com as orelhas para trás, a fêmea parece temerosa no início da cópula. O macho começa a cobri-la com cuidado, abrindo bem a boca, pronto para agarrar seu pescoço caso ela tente atacá-lo.

As orelhas para a frente mostram concentração

7 Penetração
Em cima da fêmea, o macho "pedala" com as patas traseiras, fazendo apenas umas poucas investidas pélvicas. A cópula termina em poucos minutos, mas ele a segura firme pela nuca para impedir que ela se vire.

8 Retirada
A fêmea guincha quando o macho se retira. Os ganchinhos do pênis causam uma irritação genital, estimulando então uma corrente de reações nervosas e hormonais que culminam na ovulação.

As patas traseiras recuam

O ACASALAMENTO

A repetição

Os gatos podem copular até dez vezes em uma hora; só param quando o macho está exausto. Nesse momento, ele pode ser substituído por outro. Uma sucessão de machos espera pacientemente a sua vez. No início do acasalamento, o macho toma as iniciativas e é repelido com freqüência. Depois de várias cópulas seguidas, a fêmea atrai outro macho com demonstrações provocantes. Os óvulos são liberados do ovário 24 horas depois de acasalamentos bem-sucedidos.

9 O receio do macho
No momento do miado agudo da fêmea, o macho se desprende e se retira, pois é comum a fêmea atacá-lo violentamente, assim que ele solta o seu pescoço.

As orelhas se voltam para trás em sinal de medo

A expressão facial é de preocupação

10 Juntos e tranqüilos
(À ESQUERDA) Depois de se acasalarem, a fêmea permite que o macho fique perto dela. Eles se acariciam, numa preparação para a cópula seguinte.

105

Machos e fêmeas

HÁ INÚMERAS DIFERENÇAS sutis de comportamento entre os machos e as fêmeas. Os machos não castrados em geral são mais destrutivos e ativos que as fêmeas. Elas costumam ser mais brincalhonas e companheiras, tendendo a ser mais afetuosas e limpas do que eles.

Os machos perambulam por vastos territórios, marcando-os freqüentemente com a sua urina cáustica. Eles brigam pela posse do território e pelo direito de se acasalar com as fêmeas dentro dele. A castração pode diminuir a necessidade de o macho perambular e brigar, embora nem sempre afete esse comportamento da mesma maneira. Os machos castrados antes da puberdade não desenvolvem as características sexuais secundárias, mas se forem castrados depois desse período todas essas características serão mantidas.

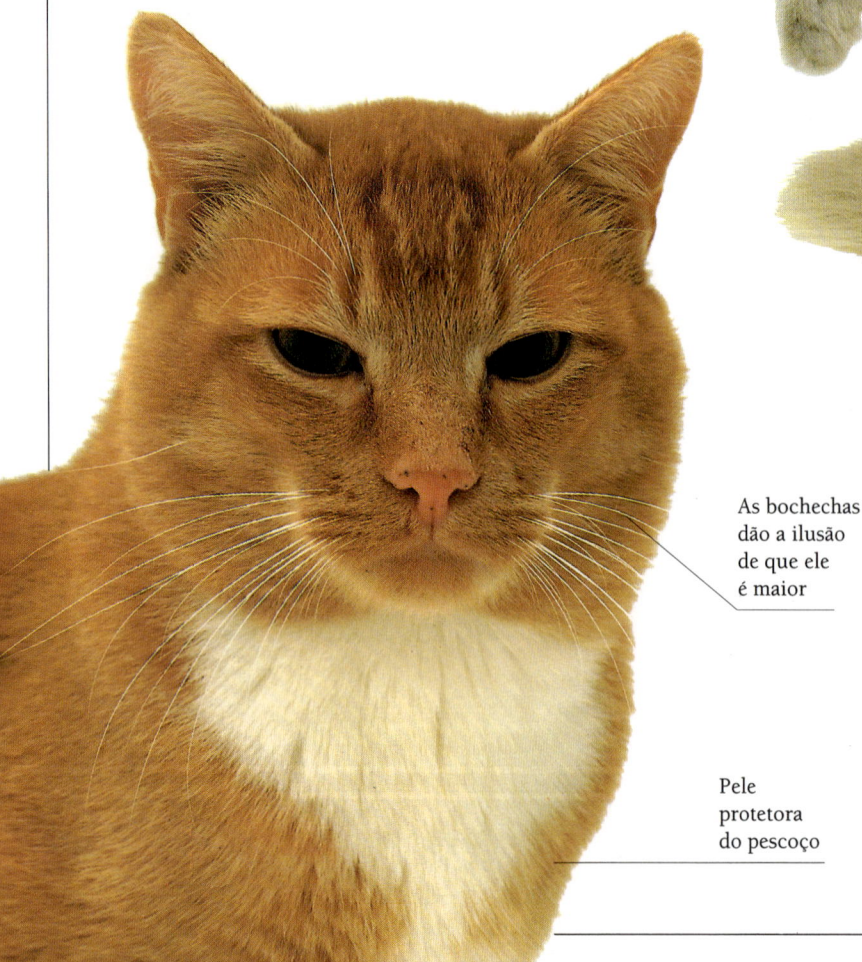

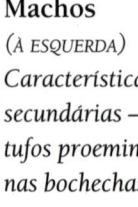

As bochechas dão a ilusão de que ele é maior

Pele protetora do pescoço

Machos
(À ESQUERDA) Características sexuais secundárias – como tufos proeminentes nas bochechas e pele espessa no pescoço – se desenvolveram porque este gato não foi castrado. Da mesma forma, se um leão for castrado antes da puberdade, sua juba não se desenvolverá.

Fêmeas
(ACIMA) Esta fêmea tem a cara e a estrutura óssea delicadas. Seu corpo magro é consideravelmente menor que o do macho. Em algumas raças, as fêmeas atingem apenas a metade do tamanho de seus companheiros masculinos.

MACHOS E FÊMEAS

Macho castrado
(ABAIXO) *A castração diminui a excitabilidade ou os modos destrutivos dos machos apenas quando esses comportamentos estão relacionados ao sexo, mas não altera a personalidade do animal.*

Fêmea castrada
(ACIMA) *Os efeitos da castração sobre o comportamento das fêmeas são muito menos intensos. Machos e fêmeas têm repertórios comportamentais significativamente diferentes, mas, uma vez castrados, eles tendem a se assemelhar aos da fêmea não castrada. A castração diminui a necessidade de o animal perambular, portanto é provável que eles fiquem mais no próprio quintal.*

Efeitos da castração

Quando um gato macho atinge a puberdade, os hormônios masculinos são produzidos constantemente. Desenvolvem-se as características sexuais secundárias, como o odor ácido da urina, para demarcar território, e comportamentos sexuais agressivos. Em contrapartida, as fêmeas mudam de comportamento apenas quando estão no cio, pois é nesse período que são produzidos altos níveis de hormônios sexuais. Portanto, se a castração reprime intensamente o comportamento masculino, a fêmea se comporta como se estivesse sempre sem cio.

O GATO ADULTO

O envelhecimento

À MEDIDA QUE O GATO ENVELHECE, seu temperamento muda. Alguns ficam rabugentos e irritáveis, enquanto outros ficam mais carinhosos, procurando mais o aconchego dos donos. A velhice também pode alterar o apetite do animal, que passa a preferir certos alimentos, ou a solicitar mais ou menos comida.

A audição piora

Os pêlos ficam emaranhados, pois é mais difícil para eles cuidar da higiene

Reações lentas

Na velhice, os impulsos nervosos levam mais tempo para chegar ao cérebro e serem transmitidos por ele. Às vezes, as primeiras mensagens que chegam ao cérebro podem bloquear todo o sistema. Assim, o cérebro trabalha num ritmo lento, e o gato não apresenta reações tão rápidas, o que intensifica a probabilidade de acidentes. Além disso, o animal pode reagir de modo pouco familiar, comportando-se mais como um gato selvagem. Pode até atacar quando acariciado. Não significa que você o tenha provocado – ele apenas esqueceu os comportamentos "aprendidos" e está voltando aos instintos naturais.

Envelhecendo com classe

As mudanças gradativas, próprias da velhice, são inevitáveis, mas o seu mascote mais velho ainda vai lhe dar o mesmo prazer de quando era filhote. Você deve mudar o jeito de tratá-lo. Por exemplo, tente não perturbá-lo desnecessariamente quando estiver dormindo e deixe-o decidir quando quer ser acariciado. Diminua a quantidade de proteína da sua alimentação, já que ele não precisa de tanta energia, e seus rins não são tão eficientes. Um gato bem cuidado pode viver até os 15 anos, aproximadamente.

Engordando
(À ESQUERDA) *Este gato persa engordou um pouco e sua pelagem está emaranhada, pois ele tem dificuldade para cuidar dela. Não é comum que gatos saudáveis engordem muito. Ao contrário dos cães, não são obcecados por comida – embora alguns sejam treinados pelos donos para sê-lo.*

Emagrecendo
(À DIREITA) *Na velhice, este gato ficou um tanto magro. O excesso de atividade da glândula tireóide às vezes faz o gato ficar hiperativo, o que pode resultar numa perigosa perda de peso.*

> *Tenho que ir devagar, já não sou o mesmo de antes.*

A visão começa a falhar

Os ombros proeminentes indicam uma gradual perda de peso

O pêlo fica desigual em alguns lugares

A DOMESTICAÇÃO

•

HÁ ALGUMAS DIFERENÇAS entre o gato doméstico deitado a nossos pés e seu parente, o gato selvagem do norte da África. Ambos apresentam um repertório básico de comportamentos, mas em graus distintos.

Há 100 anos estamos interferindo seriamente na reprodução dos gatos. Nos séculos passados, ao selecionar certas raças para acompanhá-los durante as viagens, nossos antepassados, sem saber, criaram novas raças ou diferenças regionais. Por exemplo, gatos com dedos a mais são comuns no nordeste dos Estados Unidos, pois alguns dos primeiros gatos para lá levados pelos colonizadores britânicos possuíam essa peculiaridade genética e foram cruzados uns com outros. Por meio de cruzamentos selecionados, estamos agora criando raças não só de diferentes aspectos, mas também

Gato malhado
O gato malhado se tornou o mais comum em várias partes do mundo. A maior concentração ainda ocorre na Grã-Bretanha, de onde se espalhou.

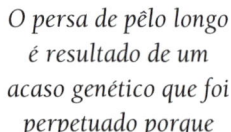

Raridade
O persa de pêlo longo é resultado de um acaso genético que foi perpetuado porque gostamos dele.

Diferenças de temperamento
Os gatos de pêlo longo são mais calmos e retraídos que os outros.

Padrões de comportamento
Os gatos de rua costumam ser magros e compridos; os gatos domésticos que fazem pouco exercício e comem muito ficam gordos.

Diferenças de sexo
Esta fêmea não esterilizada é menos agressiva, mais limpa e companheira das pessoas do que seria um macho não castrado.

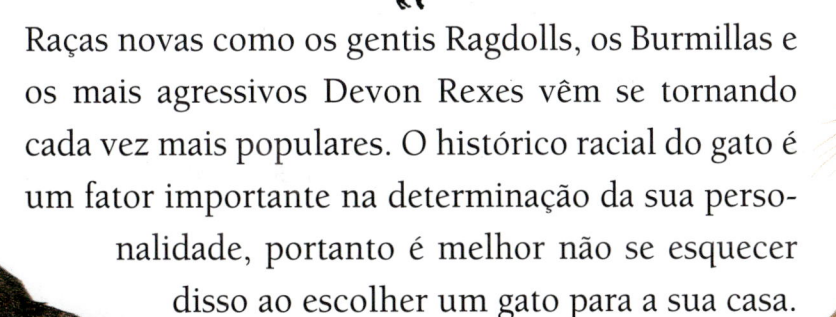

de temperamentos variados. Os persas de pêlo longo originaram-se no nordeste da Turquia, Iraque e Irã, e atualmente são criados de modo seletivo em todo o mundo. São mais calmos e menos efusivos que a maioria dos felinos de pêlo curto. Por outro lado, os birmaneses, cada vez mais populares, estavam restritos a uma pequena região do sudeste da Ásia até cerca de 50 anos atrás. Hoje, esses gatos efusivos, gregários e barulhentos são populares em todas as Américas, Europa e Oceania.

Raças novas como os gentis Ragdolls, os Burmillas e os mais agressivos Devon Rexes vêm se tornando cada vez mais populares. O histórico racial do gato é um fator importante na determinação da sua personalidade, portanto é melhor não se esquecer disso ao escolher um gato para a sua casa.

Novas raças
Originalmente em pequeno número na Birmânia e na Tailândia, o birmanês alcançou grande popularidade mundial nos últimos 30 anos.

A DOMESTICAÇÃO

Os ancestrais do gato

O SEU ANIMAL DE ESTIMAÇÃO, descendente do gato selvagem do norte da África, conserva instintos e comportamentos semelhantes aos dos parentes selvagens. O gato selvagem é adaptável, reage bem a situações novas e não demonstra medo dos seres humanos. Na verdade, faz parte do seu comportamento o convívio com outras espécies. Há milhares de anos, o gato selvagem deixou-se domesticar abandonando a vida de caçador solitário.

Pêlos macios, sedosos e protetores

Pelagem lanosa

Caçador instintivo

(ACIMA) *O gato selvagem do norte da África foi domesticado mas não perdeu a auto-suficiência. O gato selvagem norueguês, descendente do gato selvagem africano domesticado, voltou à vida selvagem, onde sobreviveu, pois é um excelente caçador. Como seus ancestrais tiveram contato com os homens, ele tem um temperamento mais tranqüilo que os nativos do norte africano, que nunca foram domesticados.*

Proximidade com os homens

(À DIREITA) *O gato selvagem do norte da África, antepassado do gato doméstico atual, aproxima-se de acampamentos para arrumar refeições.*

OS ANCESTRAIS DO GATO

A cabeça é pequena em relação ao corpo

A pelagem espessa ajuda a sobreviver em climas frios

Sobrevivência solitária
(ACIMA) Tímido e solitário, o gato selvagem europeu não tem potencial genético para mudar seu comportamento, e não foi capaz de se adaptar à convivência humana. Não domesticável, ele teve pouca participação na evolução do gato doméstico.

O crescimento da pelagem

A pelagem curta do gato selvagem africano é composta de dois tipos de pêlos: curtos e finos por baixo e longos e grossos por cima, como proteção. A maior parte dos gatos de pêlo longo é resultado de uma mutação genética que permitiu o crescimento da subpelagem. O gato selvagem norueguês de pêlo longo e o Maine Coon têm pêlos protetores mais compridos que não se emaranham, por isso conseguem sobreviver sem a nossa ajuda para desembaraçá-los.

Maine Coon
Descendente do resistente gato rural americano, o Maine Coon apresenta uma pelagem exuberante, que o ajuda a suportar um clima difícil. Por ser grande, consegue caçar coelhos.

A DOMESTICAÇÃO

O gato é domesticado

AO OPTAR POR VIVER perto de povoamentos humanos, o gato selvagem africano deixou aos poucos de caçar sua comida para roubá-la. As cidades pequenas passaram a ser fonte de alimento, e a dieta do gato foi suplementada com camundongos e ratos que infestavam os armazéns. Inevitavelmente, alguns gatos – os mais mansos, ou aqueles que pediam comida – foram adotados como animais de estimação. Assim começou a domesticação e a seleção de raças. Usufruindo dos benefícios da companhia humana, o gato selvagem deixou-se domar.

As pupilas se dilatam de medo

Reagindo com medo
(À ESQUERDA) *Este filhote selvagem reage violentamente ao ser carregado, pois não está familiarizado com a companhia humana.*

Sobrevivente silencioso
Até recentemente, os gatos não eram bem-vistos em Cingapura. Por isso tornaram-se animais silenciosos, que se alimentam de carniça em vez de se tornarem pedintes ardorosos.

Um vira-latas com sorte
(ACIMA) *Hoje em dia, o gato selvagem africano às vezes é visto bem próximo de habitações humanas no Sudão. Eles não demonstram muito medo quando estão procurando comida no lixo dessas comunidades.*

O GATO É DOMESTICADO

Receptores nasais procuram avidamente por odores novos

Adaptação
Não há diferenças físicas marcantes entre os gatos selvagens e os domésticos, mas estes últimos desenvolveram um aparelho intestinal mais longo para dar conta de uma dieta mais variada. Se forem encorajados, eles podem vir a desenvolver um paladar incomum.

Benefícios mútuos
O seu gato de estimação espera que você lhe sirva as refeições regularmente; ele não precisa mais ser um bom caçador para sobreviver. Esse comportamento dependente vem sendo perpetuado por meio das intervenções nas raças; com o tempo, a capacidade de caçar bem diminuirá, desenvolvendo uma dependência exagerada dos homens.

Boca aberta a implorar com um miado

O filhote aprende observando a mãe

Um pedido eficiente
O filhote aprendeu desde muito cedo a pedir leite para a mãe. Esse comportamento continua na gata adulta quando ela mia e se levanta, implorando por comida ao seu dono. Imitando os gestos da mãe, o filhote aprende rapidamente a sobreviver.

A DOMESTICAÇÃO

A definição de características

POR VOLTA DO ANO 1000 A.C., o gato selvagem foi tratado pela primeira vez como animal de estimação. Na época, os mercadores descobriram que os gatos eram bons companheiros de viagem, pois dizimavam a população de ratos dos navios. Eram uma mercadoria valiosa, que alcançava ótimos preços em terras estrangeiras. À medida que os mercadores percorriam as rotas comerciais, os gatos foram se espalhando pelo mundo. A reprodução estava restrita aos outros gatos importados do mesmo grupo, portanto foram perpetuadas as características físicas e de temperamento que aqueles mercadores haviam originalmente selecionado.

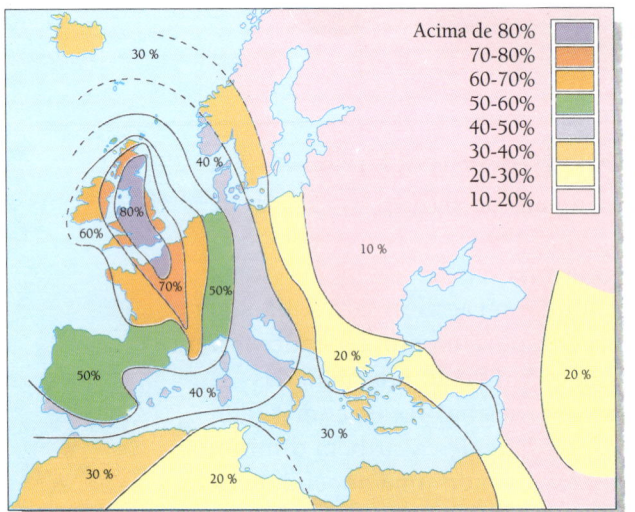

Gato listrado
(À DIREITA) Atualmente o gato listrado é raro, embora seja o padrão original do gato africano domesticado. Hoje, a maioria possui algumas pintas.

O percurso do malhado
(ACIMA) O padrão listrado, ou malhado clássico, aparece em menos de 20% dos gatos do norte da África. A incidência desse padrão aumenta à medida que se seguem as antigas rotas comerciais pela Europa, chegando a 80% no seu destino (Grã-Bretanha).

Gato malhado
(À ESQUERDA) Este padrão de malhado não é comum na África. Os negociantes gostavam de gatos de pelagens incomuns para levar em suas viagens.

Cores domesticadas
Com freqüência, os mercadores escolhiam gatos de cor uniforme (azulada, achocolatada e outras) para levar em suas viagens. É possível que esses gatos fossem menos ariscos e agressivos com as pessoas. Os gatos se cruzavam no novo ambiente, e a população resultante dessa mistura tendia a ser mais dócil e mais mansa.

A DEFINIÇÃO DE CARACTERÍSTICAS

Excesso de dedos

Todas as raças podem ter filhotes com dedos a mais nas patas dianteiras; são os polidáctilos. Em geral, há menos de 10% de polidáctilos em qualquer população de gatos. Entretanto, muitos dos primeiros gatos que chegaram à América do Norte, na região de Boston, Massachusetts, Halifax e Nova Escócia, levavam consigo o potencial genético para dedos extras. Nessa região, o número limitado de parceiros para o cruzamento resultou num percentual mais alto do que a média de polidáctilos na população de gatos.

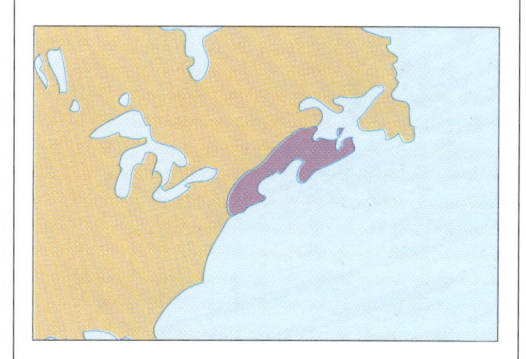

Cores lisas
(ACIMA) *Os gatos de pelagem uniforme eram raros, mas com os cruzamentos selecionados eles se tornaram comuns. Podem ter só uma cor, ou uma mistura de cores, num padrão pardo "enevoado".*

População confinada
Há grande incidência de polidáctilos ao longo da costa leste da América do Norte.

Pelas rotas comerciais
O gato selvagem africano possui potencial genético para ter descendentes com gama cromática bem variada, como esta pelagem azul-amarelada. Quanto mais nos afastamos do norte da África, maior a incidência de cores incomuns.

Deformidade inofensiva
Muitos polidáctilos têm sete dedos nas patas dianteiras.

A DOMESTICAÇÃO

A adaptação aos hábitats

Há cerca de 3 000 anos, os gatos começaram a colonizar o mundo. Os primeiros a sair do norte da África chegaram à Europa e à Ásia levados por mercadores. Os negociantes também levaram gatos para a China, pela Babilônia e Índia. Os gatos foram introduzidos no Japão, inicialmente, por volta do ano 1000, embora tenha levado mais 500 anos até eles chegarem às Américas.

Um tímido começo
(ABAIXO) Há 4 000 anos, o gato doméstico habitava apenas uma pequena área do norte da África.

Distribuição mundial
(À DIREITA) Hoje, os gatos vivem no mundo todo, exceto nas regiões geladas do Ártico e da Antártica.

Sobrevivente intrépido
A raça Maine Coon, de tamanho grande, desenvolveu-se a partir do resistente gato rural, originalmente levado à América do Norte pelos primeiros imigrantes britânicos. Alimentando-se de coelhos, essa raça prosperou. Para sobreviver no clima difícil da Nova Inglaterra, desenvolveu um pêlo grosso, porém prático.

A sobrevivência do melhor

Naturalmente, os primeiros gatos introduzidos numa região só poderiam se acasalar com recém-chegados como eles. O intercruzamento levou a populações com combinações genéticas limitadas, prejudicando a saúde das gerações seguintes. Apenas os mais fortes sobreviveram, e novas raças começaram a evoluir. Para se adaptar ao calor da Tailândia, por exemplo, a pelagem do gato diminuiu.

Pêlo prático
(À DIREITA) Os gatos de pêlos curtos, mais fáceis de cuidar que os longos, são o tipo mais comum. O gato britânico de pêlo curto tem pernas fortes e curtas, corpo musculoso e pelagem de cores e padrões variados.

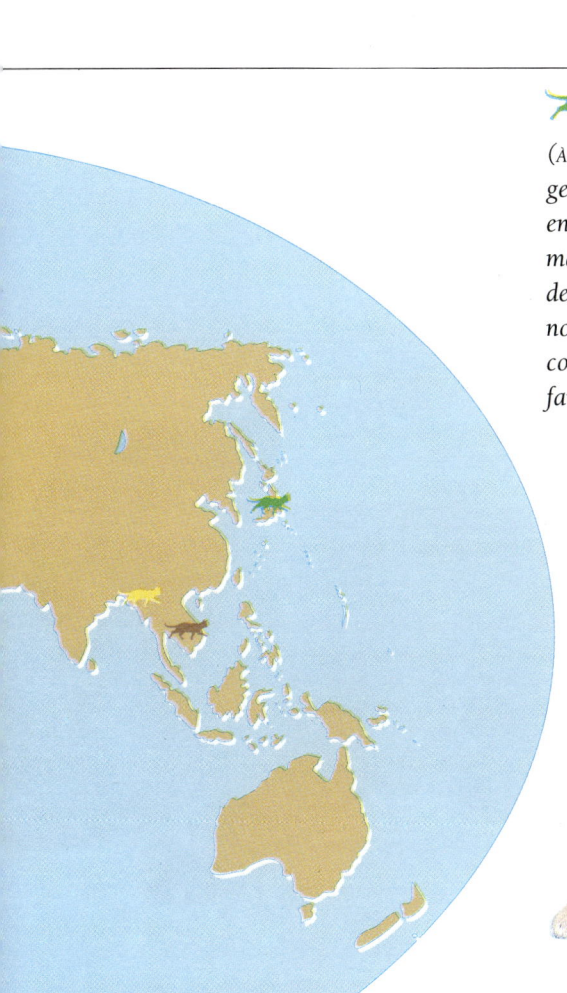

Cauda de pompom

(À DIREITA) Resultado de uma falha genética, a cauda curta, peluda e enrolada do Bobtail japonês se manteve graças aos cruzamentos dentro da pequena população da raça no Extremo Oriente. O Bobtail consolidou-se como uma das raças favoritas do Japão.

Sempre calmo

(À ESQUERDA) Muitas raças se desenvolveram na Tailândia, mas os siameses predominaram, pois eram especialmente queridos da realeza. O clima quente favorece a pelagem leve.

Visual exótico

(ABAIXO) Os gatos de pêlo longo são originários da Ásia Menor. Existe a hipótese de que o pêlo longo surgiu como resultado de uma mudança genética ocorrida apenas em alguns animais. Os gatos sobreviveram, e essa característica se transmitiu. Hoje, essas raças dependem do homem para cuidar de sua pelagem.

Gato turco

O gato Van se desenvolveu numa região isolada da Turquia, próxima ao lago Van. Faz a troca dos pêlos compridos e sedosos durante o forte verão turco.

Recém-chegado

(ACIMA) O birmanês é uma raça popular nova, cruzamento entre uma fêmea marrom, levada aos Estados Unidos por volta de 1930, e um gato siamês.

A DOMESTICAÇÃO

Traços da personalidade

É PROVÁVEL QUE A personalidade do gato e a cor do seu pêlo tenham uma relação genética. Ao preferir gatos de certas cores e tamanhos, e determinadas tonalidades de olhos, criamos raças distintas. Embora tenham sido selecionadas pela aparência, as novas raças também deram origem a diferentes temperamentos. Os siameses são ativos e barulhentos, enquanto gatos de pêlo longo tendem a ser calmos. Os orientais de pêlo curto são sociáveis, mas intolerantes com outros gatos.

Persas ornamentais
(ACIMA) Os gatos de pêlo longo podem parecer carinhosos, mas não são tão afetuosos quanto outras raças, embora sejam sociáveis com os demais gatos da casa.

Cor e personalidade
(ACIMA) Embora se tenha dito que os gatos malhados costumam ser menos sociáveis que os de cor lisa, não há evidências que indiquem diferenças significativas entre eles.

Tipos muito motivados
(ABAIXO) Tanto os siameses como os birmaneses são muito agitados. Os siameses, inclusive, podem não ser sociáveis com outros gatos da casa. Em geral, os gatos não são destruidores, mas essas duas raças costumam causar danos na casa.

TRAÇOS DA PERSONALIDADE

Fêmea tímida
As fêmeas brancas em geral são tímidas, mesmo quando sua audição é normal. A combinação de pêlo branco e olhos azuis pode trazer também uma surdez hereditária.

Felino extrovertido
(À DIREITA) O siamês é um gato muito sociável e gregário, que pode apresentar uma característica desagradável: atacar com violência qualquer gato que invada seu território.

Diferenças de comportamento

Até agora, poucas foram as pesquisas feitas para saber se cada raça se comporta de modo distinto. Uma pesquisa recente questionou 70 veterinários sobre sua experiência com o comportamento dos gatos. De modo surpreendente, as respostas foram muito semelhantes às histórias populares sobre as características comportamentais desses animais.

Para chamar a atenção
(À ESQUERDA) Os abissínios são mais ativos, destrutivos, exigentes e miam mais que os persas de pêlo longo e a maioria das raças domésticas de pêlo curto.

Personalidade amável
O tonquinês é resultado do cruzamento de siamês com birmanês. Tem personalidade curiosa e sociável, e em geral é muito afetuoso.

Avaliação do temperamento

QUEM TEM GATOS sabe muito bem que cada animal é um indivíduo com personalidade própria. Difícil é definir a singularidade de cada um. Os gatos têm comportamentos semelhantes, mas são os diferentes graus de comportamento que moldam o temperamento.

Todo indivíduo é afetado pelos genes, hormônios, pelo ambiente em que se encontra e pelo aprendizado, o que significa que algumas raças apresentam traços que podem ser chamados de "personalidade da raça". Os siameses, por exemplo, miam mais que outras raças. Pesquisas feitas com outros tipos de mamíferos, como raposas e ratos, mostraram que a personalidade está relacionada à cor do pêlo. Até hoje, entretanto, não foram conduzidas pesquisas extensas para saber se há relação entre a raça do gato e seu temperamento.

A imagem do felino

Todos nós temos nossas próprias idéias sobre os gatos. Muitos associam os felinos a aconchego, sensualidade, maciez e tudo o que é materno e feminino. A julgar pela publicidade, essa idéia é bastante comum, o que é bom para os animais, pois, se pensarmos assim, agiremos com generosidade em relação a eles.

Infelizmente algumas pessoas – quase uma em cada quatro – acham que os gatos são manhosos, maldosos e falsos, e tratam-nos com desprezo.

Um tímido
(À ESQUERDA) *Este persa de pelagem casco-de-tartaruga é mais reservado e quieto do que a média dos gatos.*

Constituição oriental
Os gatos de corpo alongado e magro tendem a ser mais gregários e sociáveis. Eles protegem melhor o seu território e em geral são mais barulhentos e efusivos.

AVALIAÇÃO DO TEMPERAMENTO

O temperamento do gato

Os donos de gato tendem a ser bons observadores. Para analisar sua personalidade (chamada tecnicamente "temperamento"), os cientistas costumam perguntar como ele se comporta. Você pode avaliar o seu gato com o uso do questionário abaixo, para saber se ele é atento, sociável ou sereno.

Para avaliar o temperamento do seu gato, preencha este questionário. Se desejar ajudar em uma pesquisa mundial, por favor tire uma cópia xerox do questionário preenchido e envie-a para: Bruce Fogle, DVM, Box DK, 86 York Street, London W1H 1DP, England.

Avalie o comportamento do seu gato marcando o quadrinho apropriado.	Quase sempre (1)	Em geral (2)	Às vezes (3)	Raramente (4)	Quase nunca (5)
MEU GATO:					
Aceita ficar no colo					
É carinhoso					
Exige atenção					
É seguro					
Aceita estranhos					
MEU GATO É:					
Excitável					
"Falador" (mia bastante)					
Brincalhão					
Ativo					
Destrutivo					
Independente					
MEU GATO É:					
Hostil a gatos conhecidos					
Hostil a gatos estranhos					
Solitário					
Agressivo					
Tenso					

Sociável
Uma pontuação baixa (12 ou menos) significa que o animal é muito sociável e está bem integrado na sociedade. Gatos que amadureceram antes de ter contato com pessoas são pouco sociáveis, e é provável que tenham uma pontuação alta.

Atento
Gatos com pontuações baixas são os mais espertos e alertas; com freqüência têm muita energia para gastar e precisam de atividades organizadas, do contrário se tornam destrutivos. Uma pontuação alta (acima de 15) indica um animal reservado e apático.

Sereno
Gatos que gostam de gatos vão receber uma pontuação alta (acima de 12). São animais que cresceram com outros gatos. Uma pontuação baixa indica um inimigo de gatos, seja porque defende muito o território, seja porque está preso demais a seus hábitos.

- Quantos anos tinha o seu gato quando veio para sua casa? _____
- Quantos anos tem agora? _____
- É macho ou fêmea? _____ ☐ M ☐ F
- Foi castrado? _____ ☐ Sim ☐ Não
- Ele tem livre acesso ao quintal e à rua? _____ ☐ Sim ☐ Não
- Em que país você mora? _____
- Qual é a raça do seu gato? _____
- De que cor ele é? _____

Informações Úteis

Associações
Associação Protetora dos Animais
São Francisco de Assis
São Paulo – SP
Tel.: (11) 6955-4352

Centro de Controle de Zoonoses
R. Santa Eulália, 86 – Santana
02031-020 – São Paulo – SP
Tel.: (11) 6221-9755
Fax: (11) 6221-9823

Clube Brasileiro do Gato
Tel.: (11) 6105-4683 / 6943-6777

Clube das Pulgas
Tel.: (11) 5508-0737
código 4031834

EstimAção
Tel.: (11) 3083-0805

Quintal de São Francisco
Tel.: (11) 3120-6555

Sociedade União Internacional
Protetora dos Animais (SUIPA)
Av. Suburbana, 1801 – Benfica
Rio de Janeiro – RJ
Tel.: (21) 501-1529
Fax: (21) 501-7896

Sites
Associação Protetora dos Animais
www.apasfa.org

Cães, Gatos e Peixes
www.bichano.com.br

Centro de Controle de Zoonoses
www.prodam.sp.gov.br/sms/zoonose

Clube Brasileiro do Gato
www.clubebrasileirodogato.com.br

Gatil
www.gatilpromenade.com.br

Gatolândia
www.geocities.com/Athens/Pathernon/2929/leilagat.htm

Petmaniacs
www.petmaniacs.com.br

Petsite
www.petsite.com.br

SUIPA
www.suipa.org.br

ÍNDICE

A

abissínio 121
aborrecido, gato 17
acariciar gatos 32-3
aconchego 96
adoção 58-9
afrodisíaco 90
agilidade 68-9
alimentação 42
   de gatos mais velhos 109
   desmame 70-1
   escolha 42
   filhotes adotados 58-9
   hábitos alimentares 88-9
   pedir alimento 83, 115
   recém-nascidos 56-7
amamentação
   de filhotes adotivos 58-9
   de recém-nascidos 56-7
   veja também comportamento ao mamar
animais da casa e recém-chegados 36-7
ansiedade
   expressão facial 13
   nos filhotes 16
aprendizado
   com a mãe 82-3
arranhador 39
arranhar
   como evitar 27, 40
   do gato frustrado 38
atitude dominante 21
   de filhotes mamando 56
   do gato da casa 37
   em filhotes 13, 76-7
audição 92-3
   amplitude auditiva 93
   surdez genética 93, 121

B

bigodes 96
birmanês 111
   origem 119
   traços de personalidade 120
Bobtail japonês 119
bocejo 100
brincadeiras 72-5
   com a mãe 73
   dos filhotes 72
   com pessoas 37, 74
   entre filhotes 37
   habilidades de caçador e 78-9
   hierarquia dominante e 60
   sociabilidade e 12, 72
   veja também brinquedos
brinquedos 39
   bolas 74-5
   tipos de 43
Burmilla 111

C

cães, sociabilidade com 36, 80
caixa sanitária 34
   tipos de 42
   treinamento para usar 40
castração 61
   efeitos 106-7
cesta 43
   como colocar o gato 31
cheiro
   das mamas 56
   de recém-nascidos 54
   demarcação de território 22-3
   e cuidados com o pêlo 98-9
   necessidade de marcar as pessoas 29, 31
   no acasalamento 102-3
   no dono 29, 31
coleira 43
comida *ver* alimentação
comportamento
   agressividade simulada 72-3
   agressivo 18-21, 45
   anti-social 12
      como resolver 40-1
   ao mamar 56-7
   de caçador 75, 78-9
   de filhotes adotivos 58-9
   de filhotes mais velhos 70-1
   de recém-nascidos 52-5
   defensivo 18-9
   do gato da casa 37
   dominante 21
   durante a gestação 44-7
   durante a primeira semana dos filhotes 64-5
   durante o desmame 70-1
   ensinando a caçar 82-3
   entre filhotes 84-5
   expressão facial 15
   materno 20, 44-5
   no acasalamento 102-5

ÍNDICE

de aborrecimento 17
de satisfação 14, 17
    expressão facial 14
    ronronar 17
sexual
    acasalamento 102-3
    receptividade 102-3
cor 116
corte das garras 43
    ver também arranhador
cruzamentos 8
    para temperamentos 30
    tipos de raças 110-1
cuidados com o pêlo 30, 98-9
cumprimento, do gato para o homem 31
curiosidade
    desenvolvimento da 63-4
    expressão facial 15
    por brinquedos 39

D

demarcação de território
    com fezes 22
    com urina 34
dentes de leite 70
desmame 70-1
diferenças de gênero 106-7
disciplina 40-1
domésticos, gatos 7, 10-42, 103, 112-20

E

embrião 46-7
envelhecimento 108-9
equilíbrio
    desenvolvimento do 66-9
    reflexo para se endireitar 92-3
erva-de-gato 90
escovas 43
escuridão
    uso dos bigodes na 96
    visão noturna 94
evolução da espécie 112-21
expressões faciais 13-5
    na ofensiva 20-1
    no acasalamento 102-5

F

feliz, gato 17
fêmeas
    na amamentação 56-9
    na castração 106-7
    no acasalamento 102-5
filhotes 60-1
    adoção 58-9
    ansiedade 16
    desenvolvimento do feto 46-7
    desenvolvimento dos movimentos 66-9
    desenvolvimento dos sentidos 62-3
    independência 84-5
    relacionamento com outros animais 36-7
    segurar no colo 32-3
    sociabilidade com o homem 12-3, 28-9
    veja também recém-nascidos

G

gestação
    parto 48-9
    pós-parto 50-1
grama 38

H

higiene 99
    na caixa sanitária 34, 40, 42

I

instinto caseiro 67
irmãos
    brincadeiras 72-3
    desenvolvimento de hierarquia 76-7

L

lealdade 28
linguagem 16-7
    veja também ronronar; voz

M

machos
    comportamento no acasalamento 102-5
    efeitos da castração 106-7
Maine Coon
    cuidados com o pêlo 30
    origem das raças 113, 118
malhado, gato 116, 120
medicação 32
medo
    atitude defensiva 18-9
    posição da orelha 15
miado
    ronronar 16-7, 48
    silencioso 93
movimentos
    desenvolvimento dos 66-9
    veja também equilíbrio

N

nascimento de filhotes 48-51
ninhada
    grande 52
    parto 48-51
ninho 48
    cheiros 47
    mudança de 54-5
    procura por 46

O

odor *veja* cheiro
olfato 90-1
    como a mãe reconhece os recém-nascidos 54
    desenvolvimento 63
    veja também cheiro
olhos
    acuidade visual 94-5
    como indicadores do humor 14-5
    de recém-nascidos 56
orelhas 35, 42
    aos dez dias 62
    posição e audição 92
    posição e dominação 77
    posição e humor 14-5
órgão vômero-nasal 91
ovulação 104-5

P

paladar 90-1
pêlos
    cuidados 30, 98-9
    de um gato com o outro 86, 99
    na velhice 109
pentes 43
persa 111
    origens 119
    traços de personalidade 120
personalidade
    avaliação 122-3
    cruzamentos e 30
    de diferentes raças 120-1
    desenvolvimento da 12-3

ÍNDICE

extrovertida 13
introvertida 13
traços 120-1
pescaria 78
polidáctilo 117
presa
  como apanhar e matar 82-3
  rastejando 35
  veja também comportamento de caçador
problemas de comportamento
  arranhões nos móveis 27
  chupar lã 38
  frustração 38
  marcas de urina 34
  superação 40-1
processo de envelhecimento 108-9
punição, técnicas de 40-1

R

Ragdoll 111
ratos
  aprender a caçar 82-3
  gesto de "agarrar rato" 78
  sociabilidade com 80
reação de "ficar ou fugir" 18-9
recém-nascidos 52-7
  adoção 58-9
  cuidados maternos 52-5
  desenvolvimento dos movimentos 66-9
  desenvolvimento dos sentidos 62-3
  veja também comportamento materno
relacionamento entre filhotes 30
  veja também sociabilidade
rivalidade
  em ninhadas grandes 52
  entre irmãos 76-7
ronronar
  da mãe 16
  do gato aborrecido 17
  do gato feliz 17
  durante o parto 48
rosnado 17, 21

S

satisfação 14, 17
  expressão facial 14
  ronronar 17
saúde
  como dar remédio 32
  consulta ao veterinário 31
selvagem, gato
  do norte da África 112
  europeu 113
  norueguês de pêlo longo 114
sentidos
  audição 92-3
  desenvolvimento dos 62-3
  olfato 90-1
  paladar 90-1
  visão 94-5
  tato 96-7
siamês
  filhote 46
  origem 119
sibilar e bufar 16
  como ameaça 10
  da mãe perturbada 53
  do gato da casa 37
  do gato irritado 17
sociabilidade 26-43
  com irmãos 72-3
  com outros animais 36-7, 80-1
  com pessoas 28-30, 74
  com roedores 81
  desenvolvimento da 12-3
  e domesticação tardia 6
  e filhote único 52
  e filhotes órfãos 59
  em filhotes adotados 58-9
  espécies anti-sociais 14, 18
sonhos 101
sono, comportamento no 100-1
surdez genética 93, 121

T

tato 96-7
temperamento
  avaliação 122-3
territorialidade 22-5
  brigas para demarcar 85
  defesa 24-5
  efeitos da castração 24
  "marcando" pessoas 28
  marcando território 11, 22-3
timidez 12-3
tonquinês 121
traços de personalidade 120-1
treinamento 40-41

U

urina 22
  cheiro de 107

V

Van turco 119
veterinário 31
vida livre 7
visão 94-5
  binocular 95
  de cores 95
  noturna 94
voz
  alcance dos sons 11
  desenvolvimento da 62

Agradecimentos

Agradecimentos do autor

Quase todas as minhas horas de trabalho são dedicadas à prática na clínica, mas, quando preciso de algum tempo para escrever, Jenny Berry e Amanda Topp, duas excepcionais enfermeiras veterinárias, cuidam de tudo. Muito obrigado. O mesmo eu diria de minha família, especialmente Julia, minha mulher, que permite que eu "suma" todo fim de semana para me concentrar nos textos.

Na época eu não pensava nisso, e tenho certeza de que ele também não, mas foi meu pai, com sua coleção de animais, quem despertou e alimentou meu interesse pelo comportamento animal desde a infância. No momento em que escrevo estas linhas, ele é um saudável octogenário, orgulhoso como ninguém do trabalho do filho. Espero que tenha prazer em mostrar este livro aos amigos.

Agradecimentos dos editores

A Cooper Wilson, pelas ilustrações e projeto gráfico do livro; a Salvo Tomasselli, pela editoração eletrônica; a Corinne Hall, Charyn Jones, Stephanie Jackson, Jackie Douglas e Vicky Davenport, pela assistência editorial; a Karin Woodruff, pelo índice remissivo; a Juliet Cooke, pela assistência de arte; a Diana Morris, pela pesquisa iconográfica; a Natasha Guttmann, Esther Bruml, Karen Tanner, Carolyn Stephenson, Blackie Merrifield, Jenny Berry, Jane Burton, Heather Creasey, Liz Button, Lynn Medcalf e Margaret Correia, por providenciarem gatos para fotos externas; a Steve Gorton e Tim Ridley, pelas fotos; a John Palmer Ltd. (escovas para gatos) e Steetley Minerals Ltd. (caixas sanitárias) pelo apoio.

Agradecimentos da fotógrafa

A Hazel Taylor, Sue Hall, Di Everet, Les Tolley e Janet Tedder, pela ajuda para encontrar gatos, cuidar deles e alimentá-los; a Carolyn Woods, por emprestar gatos para as fotos; e a Arabella Grinstead e Louise Hall, as modelos.

Créditos fotográficos

Todas as fotografias são de Jane Burton, com exceção de:

Steve Gorton: p. 5, todas as fotos; p. 9 be, bd; p. 11 bd; p. 15 ae, be; p. 16 a; p. 45 b; p. 107 be; p. 111 be; p. 117 a, b; p. 118, ambas; p. 121 b.

Tim Ridley: p. 25 bd; p. 27 be; pp. 40-41, todas, com exceção de 40 bd, 41 ad; p. 42 bd; p. 46 e; p. 95 bd; p. 107 ad.

Dave King: p. 95 cd; p. 110 bd; p. 112 a; p. 120 ad; p. 122 a.

Kim Taylor: p. 22 ce; pp. 92-93 c.

Animals Unlimited: p. 111 bd; p. 119 bc, bd.

Bruce Coleman Ltd: p. 24 ce; p. 25 ae; p. 112 b; p. 113 ae; *Jane Burton* p. 19 bd; *Hans Reinhard* p. 119 a, c.

Marc Henrie: p.114 a.

David Keith Jones: p.114 bd

Natural History Photography Agency: M. Savonius p. 90 c.

Legendas: a = no alto, b = embaixo, c = no centro, d = à direita, e = à esquerda.